세상이라는 거센 파도에 휩쓸리지만
자기 삶의 무게를 견뎌내며
품격 있는 어른으로 성장할

_____ 님께

있다고 다 보여주지 말고
안다고 다 말하지 마라

WILLIAM SHAKESPEARE

있다고 다 보여주지 말고 안다고 다 말하지 마라

김종원의 세계철학전집 × 셰익스피어 for 어른

김종원 지음

mindself

프롤로그

삶의 자본을 쌓아
스스로 어른이 되고자 하는 당신에게

"그것이 어디로 가는지 누가 알겠는가,
어디서 온 것인지조차 모르는데."

답이 없는 시대를 산다고 말하는 사람이 많다. 하지만 나는 그렇게 생각하지 않는다. 답을 찾지 못하거나, 없다고 생각하는 이유는 그 문제가 어디서 온 것인지 모르기 때문이다. 어디서 온 것인지 아는 사람은 그것이 무엇이든 어디로 가는지도 알 수 있다.

시작과 본질, 그리고 근원을 모르는 사람은 더욱 살기 힘든 세상이다. 이제 비밀은 없다. 모두에게 같은 텍스트가 주어지고 있어서

다. 그런데 같은 텍스트를 읽지만, 모두의 변화는 제각각이다. 이유는 텍스트를 바라보는 '어떤 시선으로 읽느냐?', '무엇을 찾아낼 것인가?', '찾아낸 것을 삶에 어떻게 녹여낼 것인가?' 이 3가지의 관점과 질문의 수준이 서로 다르기 때문이다. 좀 더 높은 수준의 소유자에게는 우주처럼 끝나지 않는 지성의 세계가 열리겠지만, 그렇지 않은 사람에게는 아무런 감흥도 느껴지지 않는다.

나는 2008년부터 그 문제에 대한 사색을 시작했고, 17년이 지난 지금에서야 '김종원의 세계철학전집 시리즈'로 내가 찾은 답을 세상에 전할 수 있게 되었다. 이 전집의 핵심 메시지를 간단하게 압축하면 이렇다.

1. 철학은 반드시 답을 찾는다. 좀 더 좋은 답도 있고, 좀 더 깊고 풍성한 답도 있다. 전집을 통해서 독자에게 읽고 사색하며 실천으로 옮기는 일상의 기쁨을 선물한다.
2. 전집 30권의 큰 구성은 이렇게 진행한다. 살아가는 데 반드시 필요한 30개의 키워드를 먼저 정한 후, 거기에 가장 적합한 30명의 철학자를 통해 이야기를 나눈다.
3. 앞으로 책으로 소개할 주인공들은 각자 예술가의 상상력, 학문적인 성과, 현실적인 경험과 지혜, 그리고 탁월한 창조력을 가진 사

람들이다.
4. 일상의 작은 고민에서 시작해 각종 비즈니스와 삶의 현장 곳곳에서 확실하게 도움이 될 수 있는 해답을 제시한다.

이런 방식으로 그들이 남긴 메시지를 농밀하게 추출해 소개할 예정이며, 그 내용을 쉽게 이해할 수 있게 설명한 후, 내면에 각인할 수 있도록 필사 문장을 제공할 것이다. 매일 한 장 한 장을 읽어 나가면 당신의 삶은 이전과 완전히 달라질 것이다.

6권의 주인공은 수백 년이 지난 지금도 널리 읽히고 있는 세계적인 작가 윌리엄 셰익스피어(William Shakespeare)이고, 그를 읽어 가는 데 이정표가 될 키워드는 '어른'이다. 어른이란 꾸준히 자신의 가치를 가장 품격 있게 보여주는 사람이다. 여기에서 나는 셰익스피어를 떠올렸다. 인간 내면을 통찰한 수많은 대작을 남긴 셰익스피어는 어느 한 시대를 살았던 사람이 아니라, 모든 시대를 살았던 사람이다. 그의 글이 여전히 수많은 사람의 사랑을 받는다는 사실은 그가 모든 시대를 살았던 사람이라는 것을 생생하게 증명한다.

단순히 나이만 먹고 '노인'이 되는 삶이 아닌, 품격 있는 하루하루를 보내며 스스로 '어른'이 되는 삶을 살기 위해서 필요한 문장

들을 담았다. 셰익스피어가 주는 '삶의 자본들'을 읽고 필사해 보자. 그것만으로도 내면이 풍요로워질 것이다.

차례

| 프롤로그 | 삶의 자본을 쌓아 스스로 어른이 되고자 하는 당신에게   7

1장

어른은 자신의 감정을 소모하지 않는다

01 순간적으로는 통쾌하지만 결국 내게 손해인 것들   19
02 습관적으로 죽음을 언급하지 마라   22
03 어느 분야에서든 오래가는 사람은 이게 다르다   25
04 불만으로 가득한 공간은 질서라는 허리띠로 묶을 수 없다   28
05 너무 인생을 빡빡하게 살면 나만 손해다   31
06 나만 배려하고 나만 손해 본다는 생각이 든다면   34
07 사랑하는 사람을 떠나보냈다면   37
08 흔들리지 않고 무엇이든 해내는 마음의 힘   40
09 화가 많은 사람은 금방 죽는다   43
10 나를 반기지 않는 사람과는 영원히 이별하라   46
11 살고 싶은 하루를 만드는, 아무리 반복해도 무해한 말   49

2장

어른의 삶은 품격이 다르다

12	현명해지기 전까지는 늙지 말아야 한다	55
13	불경기에도 잘나가는 사람들의 3가지 루틴	58
14	굳이 내 손으로 복수할 필요가 없는 이유	61
15	혼자인 시간을 근사하게 보내는 방법	64
16	마흔 이후 점점 품격을 잃는 사람들의 3가지 공통점	67
17	너그러운 어른의 태도를 갖고 싶다면	70
18	내가 자랑하는 것이 나의 지적 수준을 증명한다	73
19	다리 떠는 습관을 빠르게 고쳐야 하는 이유	76
20	어른의 품격을 채우는 7가지 최소한의 예의	79
21	왜 나는 남들보다 더 자주 화를 내며 분노하는가	82
22	너무 심각해지면 내 인생만 손해다	85

3장

어른의 선택에는 후회가 없어야 한다

23	스승은 내가 배울 준비를 마치면 나타난다	91
24	보내야 할 사람은 빠르게 보내야 한다	94
25	앞으로는 SNS를 이렇게 활용해야 삶이 나아진다	97

26	지성과 삶의 수준을 확 높여주는 17가지 조언	100
27	나이 들수록 점점 빛나는 사람들의 태도	103
28	모든 상황과 모든 일에서 늘 스스로 판단하라	106
29	지갑은 얼마든지 잃어도 괜찮으니 이것만은 지켜라	108
30	애써 얻은 지식과 소중한 경험을 모독하지 마라	111
31	안달하는 마음이 노력한 시간을 대신할 수는 없다	114
32	가슴에 별을 품고 사는 사람을 알아보는 법	117

4장

어른은 언제든 나도 틀릴 수 있다고 생각한다

33	"다 이유가 있겠지."라는 이불처럼 따뜻한 말	123
34	마흔 이전에는 매일 하루 30분 꼭 이걸 해야 한다	126
35	나도 누군가에게는 나쁜 사람일 수 있다	129
36	예쁘게 바라보면 예쁘지 않은 게 없다	131
37	서른 이후 인생의 전환을 이끌어내는 5가지 습관	134
38	최선의 의도로 최악을 맞이한 건 이게 처음은 아니다	137
39	나는 영원히 반짝이지 않아도 괜찮다	140
40	가장 사랑하는 건 의심하는 게 아니다	142
41	자기 자신에게 따지는 일상을 시작하라	145
42	친구의 결점은 이해하는 게 아니라 견뎌내야 할 일이다	148
43	스스로 시작할 수 있다면 뭐든 할 수 있다	151

5장

어른이라면 자신의 가치를 스스로 정해야 한다

44 왜 그대는 인생을 걸고 살지 않는가?	157
45 50세 이후 읽고 필사하면 인생이 좀 더 선명해지는 글	159
46 나는 내 성장이 더딘 이유를 알고 있다	163
47 나보다 못한 사람과 비교하며 얻는 세상에서 가장 슬픈 위안	166
48 세상이 주는 명성보다 더 귀한 가치를 내게 주는 법	169
49 만 원짜리 식빵에 고개를 숙이며	172
50 좋은 거절도 체력이 남아 있어야 가능하다	175
51 지나친 믿음은 오히려 무능력의 증거다	178
52 대화가 끊길 때 어색한 침묵을 깨지 않아도 된다	181
53 자신의 일을 하는 사람이 가장 존경스럽다	184

6장

어른은 단어를 골라서 사용하는 사람이다

54 더 높은 수준의 생각과 창조를 위한 필사의 나날	189
55 와인 추천 멘트만 봐도 수준을 알 수 있다	192
56 어른의 말은 조용하고 차분하다	195
57 만날 약속은 귀찮아해도 일단 만나면 즐겁게 노는 사람	198

58 나이 들수록 SNS에서는 댓글을 가려 써라   201

59 싸우는 부부가 아이의 삶에 안 좋은 영향을 주는 이유   204

60 50대 이후에는 반드시 글을 써야 하는 이유   207

61 사명감을 가진 사람이 더 강력한 인생을 사는 이유   210

62 글쓰기 경력 3년 이상일 땐 이렇게 살아라   213

63 나는 왜 늘 부정적인 상상만 하는 걸까?   216

7장

어른도 방황하지만, 흔들리지는 않는다

64 진실을 아는 눈을 갖는 게 중요한 이유   221

65 내 마음을 지켜주는 가장 강력한 지적 장치   224

66 "이것 또한 지나가리라."라는 말을 함부로 하지 마라   227

67 품위 있는 노년을 위해 준비해야 할 7가지   230

68 노력한 만큼 삶이 나아지지 않는 이유   233

69 한 번 사는 인생을 더 값지게 만드는 법   236

70 잘 변하지 않는 내 인생을 진짜 바꾸고 싶다면   239

71 좀 쉬라는 몸의 신호를 그냥 넘기지 마라   242

72 최고의 어른으로 선명하게 살아가는 법   245

73 나는 내 인생이라는 무대의 주인이다   248

74 오늘도 누군가를 사랑할 수 있는 하루라는 사실을 잊지 마라   251

| 에필로그 | 도망치지 않는 것만으로도 충분히 잘하고 있다   254

| 부록 | 지성의 문을 여는 필사 노트   257

김종원의 세계철학전집
×
셰익스피어 for 어른

WILLIAM SHAKESPEARE

1장

어른은 자신의 감정을
소모하지 않는다

01
William Shakespeare

순간적으로는 통쾌하지만 결국 내게 손해인 것들

울화통 터지고 서러울 때
심장을 타고 고통이 올라올 때,
이렇게 말할 수 있어야 한다.
차오르는 슬픔이여 내려가라!
네 자리는 저 아래다.

세상에 슬픔과 고통을 경험하지 않고 살 수 있는 사람은 없다. 산다는 건 끝없는 슬픔과 고통을 끌어안고 계속 걸어가는 것과 다르지 않다. 그래서 우리는 더욱 통쾌함이라는 늪에 빠지곤 한다. 셰익스피어가 말한 것처럼 울화통이 터지고 서러울 때, 엉뚱하게 자신의 감정을 소모하는 사람들은 그런 힘든 상황을 이겨내기 위해서 어리석게도 결코 해서는 안 될 행동들을 실천에 옮긴다. 다음과 같은 7가지의 행동 말이다.

1. 다른 사람들이 애써 이룬 결과를 멋대로 평가하기
2. 말과 글로 온갖 질투와 비난을 쏟아내기
3. 참지 않고 하고 싶은 대로 말을 내뱉기
4. 세상과 사람에게 감사하지 않고 살기
5. 다 내가 해낸 거라고 교만하게 외치기
6. 인사 같은 작은 예절을 등한시하기
7. 남의 말을 경청하지 않고 나만 옳다고 우기기

 원하는 대로 되지 않으니 사는 게 힘들고 마음이 어려운 건 이해한다. 하지만 내가 살기 힘들다는 사실이 타인의 삶을 괴롭혀도 된다는 정당한 이유가 될 수는 없다. 다른 사람의 삶을 평가하면 그 순간에는 마치 심판이 된 것 같아서 통쾌하지만, 시간이 지나 돌아보면 그런 미련한 과정을 통해서 더욱 불행해진 나를 발견하게 된다. 게다가 심장을 타고 올라온 불행의 크기는 점점 더 커져서 평생 사라지지 않는 흉터로 남는다. 그렇게 언제나 순간적인 통쾌함은 내 감정을 소모하며 인생에 부정적인 영향만 준다. 조금 답답하고 지루해도 길게 보며 살아야 한다. 셰익스피어가 그랬던 것처럼 지금 이 시간에도 파도처럼 차오르는 슬픔에게 명령하라. "네 자리는 여기가 아니다!" 그게 자신을 위한 가장 지혜로운 선택이다.

"파도가 아무리 세차게 지나가도
아무런 말도 없이 받아주는 바다처럼
고통과 슬픔이 결국에는 다 사라지는
한낱 바람이라고 생각한다면,
세상에 못 견딜 인생도 없는 것이다.
힘겨운 이 시간이 다 지나가면,
나는 더 단단한 어른이 될 것이다."

02
William Shakespeare

습관적으로 죽음을 언급하지 마라

죽음에 대해 자주 말하지 마라.
세상에 죽음보다 확실한 것은 없다.
지금까지 어떤 예외도 없었다.
내게 확실히 오는 것을
일부러 맞으러 나갈 필요는 없다.
그저 주어진 삶을 탐닉하라.

"이러다가 아무것도 못하고 죽으면 어쩌지?"
"지금이라도 뭔가를 해야 하는 게 아닐까?"

사람들은 죽음을 떠올릴 때 아직 해보지 못한 무언가에 대한 갈망을 되새긴다. 이를테면 사는 동안 꼭 해보고 싶은 것을 나열하는 '버킷 리스트'를 작성하는 것처럼 말이다. 물론 죽음을 생각하면 하루를 좀 더 농밀하게 살 수 있다. 그러나 습관적으로 죽음을 생각한다면 문제가 된다. 죽음이 삶을 돌아보게 하는 최고의 발명품인 것은 맞지만, 감정적인 측면에서 볼 때 결코 긍정적인 것은 아니다. 자꾸 꺼내 들여다보면 인생 자체도 부정적으로 변해가게 된다. 세상에는 죽음처럼 인간이 절대로 피해 갈 수 없는 것이 있으니, 굳이 그것들에 관심을 갖거나 의식할 필요는 없다. 그렇게 소모되는 시간과 감정이 아깝기 때문이다.

내가 어찌할 수 없는 죽음에 대해서는 그만 생각하고 현재를 보라. 하지 못했던 것에 대해서 생각하는 것도 좋지만, 정말 중요하고 소중한 건 사실 내가 해본 것들 속에 있음을 깨달아야 한다. 과거 소중한 마음을 나눴던 인연들, 내가 자주 갔던 추억의 장소와 들었던 음악, 마음이 힘들 때마다 즐겼던 식당의 음식까지. 아직 하지 못한 버킷 리스트보다 소중한 것이 이미 해본 것들 속에 있다. 생각해 보라. 실제로 죽음과 마주했을 때, 아직 해보지 못한 것들 때문에 마음이 아플까? 아니면 과거에 해본 것들과 추억 때문에 마음이 아플까? 아직 가보지 못한 나라에 대한 갈망보다, 지나간 어느 날 걷다가 넘어진 내 아이를 안아주며 느꼈던 그 따스한 온기가 미치도록 그리울 것이다. 인생의 소중한 것들은 내가 해본 것들과 추억에 있다. 그러니 습관적으로 죽음을 언급하거나, 그걸 이유로 해보지 못한 것들을 떠올리며 죽기 전에 해봐야 한다고 자신에게 강요하지도 말자.

"정말 소중한 건 미래가 아닌
내가 이미 해본 것들 속에 있다.
자주 가던 장소와 즐겼던 음식,
내 삶에 도움을 준 수많은
고마운 사람들을 잊지 말자."

03
William Shakespeare

어느 분야에서든 오래가는 사람은 이게 다르다

> 어리석은 바보들의
> 최악의 불경기가 돌아왔다.
> 머리를 어떻게 써야 하는지 모르고
> 바보처럼 타인의 흉내만 내는
> 멍청한 이들이 바로 그들이다.

누구나 인생에서 한 번 정도는 잘나갈 수 있다. 문제는 기간이다. 오래가는 게 세상에서 가장 어렵고 힘든 일이다. 그렇다면 평생 동안 자신의 철학과 가치를 세상에 떨칠 수 있었던 셰익스피어의 경쟁력은 대체 무엇이었을까? 그건 바로 자연을 활용하는 방법에 있었다. 당시 다른 철학가와 작가들은 대학 교육을 받았지만, 셰익스피어는 깊은 사색을 통해 대학이 아닌 자연으로부터 수많은 지식을 발견했다. 그렇다. 그에게 지식은 듣고 배우는 것이 아니라, 눈으로 보며 스스로 발견하고 깨우치는 것이었다. 그래서 그가 쓰는 글과 그의 입에서 나오는 말은 독특하고 고유한 그 자신만의 것이었고 덕분에 오랫동안 자신의 가치를 세상에 전할 수 있었다. 그가 자연으로부터 배워 실천한 삶의 루틴을 소개한다. 읽고 자기만의 방식으로 변주해서 사용한다면, 여러분도 자신의 분야에서 오래가는 사람으로 성장할 수 있게 될 것이다.

1. 스스로 시작해서 스스로 끝낸다.
2. 타인의 결과가 아닌 과정을 본다.
3. 노력의 기준이 남과는 완전히 달라야 한다.
4. 판단이 끝나는 즉시 실천에 옮긴다.
5. 입에서 나온 말은 곧 현실이 됨을 안다.
6. 가르치기보다 배우려는 자세로 산다.
7. 늘 메모하고 일상에 활용해서 지혜로 쌓는다.

어니에서든 나이가 들수록 오히려 더 크게 성장하는 사람들이 있다. 중요한 건 그런 이들의 성장이 누구보다 오래간다는 사실이다. 그들은 보여주기 위한 루틴이 아닌, 진짜 자신의 성장을 이끄는 루틴을 조용히 실천하며 산다. 루틴을 정해 실천하는 게 좋은 이유는, 살면서 중간중간 나쁜 감정이 찾아왔을 때 루틴을 실천하며 빠르게 벗어날 수 있기 때문이다. 좋은 루틴은 감정의 소모 없이 가진 힘을 모두 일상에 쏟을 수 있게 해준다. 꾸준히 오래오래 성장하는 인생을 살고 싶다면, 조용히 위의 7가지 루틴을 실천하면 된다.

"오직 내가 스스로 만든 것만이

최고의 명작이다.

이성은 얼마나 고귀하고

능력은 얼마나 무한한가.

나는 놀라운 내 힘을 믿는다."

04
William Shakespeare

불만으로 가득한 공간은
질서라는 허리띠로 묶을 수 없다

어떤 상황에서도
밝게만 보이는 게 좋아요.
중간에 표정을 바꾸는 건,
겁을 내는 것처럼 보입니다.

어떤 상황에서도 밝은 표정을 유지하는 사람들을 보면 참 감정적으로 강하다는 생각이 든다. 감정을 제어하는 힘은 살면서 꼭 필요한 능력이다. 셰익스피어의 말처럼 중간에 다른 표정으로 바꾸는 건 겁을 내는 것처럼 보이기 때문이다. 여기에는 몇 가지 숨은 의미가 있다. 분노할 상황에 처해서도 스스로 감정을 제어하며 웃음을 유지할 수 있다는 건 무슨 뜻일까? 억지로 참는 것으로는 결코 웃는 수준에까지 이를 수 없다. 그것이 가능한 사람들은 어떤 상황에서도 웃을 수 있는 지점을 찾아낼 정도로 지적 수준이 높다. 그들은 이 사실을 알고 실천하며 산다.

"협박으로는 문제를 해결할 수 없다.
협박이란 못된 행동의 열기를
잠시 식혀주는 냉기일 뿐,
근본적인 문제를 해결할 수는 없다."

일상으로 좀 더 들어가 생각해 보자. 사람들이 좁은 공간에 모여 있을 땐 적당히 자신의 음성을 조절하며 대화를 나눠야 하는데, 생각보다 그게 되는 사람이 많지 않다. 카페나 식당에 가보면 마치 연설을 하듯 온 힘을 다해 소리치는 사람들이 있다. 아무리 주변에서 눈치를 줘도 그들은 달라지지 않는다. 이유는 간단하다. 왜 그래야 하는지도, 또 자신이 그렇게 시끄러운지도 모르기 때문이다. 몰라서 못하는 거지, 알면 처음부터 스스로를 조절하며 제어했을 것이다. 또한, 그걸 모르는 사람에게는 이 사실을 아무리 설명해도 바뀌지 않는다. 평생을 그렇게 살아서 자신이 옳다고 생각하기 때문이다.

이렇게 바뀌지 않는 주변의 상황을 바꾸려고 하면 나만 답답하고 힘들어진다. 정작 이 상황을 만든 사람들은 신이 나서 떠들고 있는데 말이다. 불만이나 무질서로 가득한 공간을 하나로 묶을 수 있는 허리띠는 세상에 존재하지 않는다. 그럴 때는 차분하게 이렇게 생각하며 부드럽게 그 순간을 지나가는 게 지혜롭다.

"그저 내가 해야 할 일에만 집중하자.
나는 타인에게 신경을 쓰려고 온 게 아니라,
내게 주어진 일을 하려고 온 거니까.
나는 저렇게 피해를 주며 살지 말아야지.
저 사람 덕분에 오늘도 하나 또 배웠네."

05
William Shakespeare

너무 인생을 빡빡하게 살면 나만 손해다

결국에는 웃는 자가
이긴 거야.

당장 닥친 일에 최선을 다하느라 즐길 겨를이 없는 순간들이 있다. "삶의 즐거움은 가장 나중에 즐길 거야. 그때까진 치열하게 살겠어!", "즐기라고? 아냐, 지금 내게 그럴 여유는 없어!" 하지만 이렇게 말할 때가 바로 여유를 가져야 할 시기임을 자각해야 한다. 이 시기를 놓치고 계속해서 일에 치여서 살게 되면 죽을 때까지 자신이 무엇을 위해 사는지도 모른 채로 몸만 늙은 노인이 된다. 그저 늙기만 할 뿐 그 안에 어떤 지혜나 희망도 존재하지 않는다. 쉽게 말해서 '어른'이 아닌, '노인'이 되는 것이다. 노인은 목숨만 부지하면 누구나 될 수 있지만 어른은 그렇지 않다. 이 사실을 분명히 알아야 한다. 셰익스피어가 결국에는 웃는 자가 이긴 것이라는 가르침을 전하는 이유도 여기에 있다. 늘 매사에 시니컬하게 반응하며 쉬지 않고 끌려가듯 사는 사람에게는 오히려 성장의 기회가 주어지지 않기 때문이다. 이렇게 생각하며 스스로에게 여유를 허락해야 한다.

1. 어려운 문제는 느긋하게 관찰해야 풀린다.
2. 바쁜 마음으로 해결할 수 있는 일은 없다.
3. 자동문도 천천히 가까이 다가가야 열린다.

바쁘고 힘들수록 의식적으로 숨을 깊이 내쉬며 자신에게 여유를 선물해야 한다. 몸도 쉬어야 하지만 내 마음과 감정도 쉴 시간이 필요하다. 나는 바쁘게 살기 위해 태어난 게 아니다. 나는 인생이라는 여행을 즐기기 위해서 태어난 것이며, 모든 여행은 도착이 아니라 과정이 곧 목적이다.

"쉴 수 있어야 달릴 수도 있고,

쉼표를 스스로 찍을 수 있어야

마침표도 원하는 곳에 찍을 수 있다.

내 하루를 즐겨야 내가 더 빛난다.

어지러운 긴장 속에서 벗어나야,

현실에 좀 더 집중할 수 있다."

06
William Shakespeare

나만 배려하고
나만 손해 본다는 생각이 든다면

소득도 없이 지치는 이유는
도저히 만족할 수 없는
욕심을 가졌기 때문입니다.

　보통은 배려를 아름답고 바람직한 행동이라고 생각한다. 그러나 '인간의 욕심'이라는 렌즈로 세상을 바라보면, 배려한다는 것이 조금은 의도적인 신택이지 행동이라는 사실을 알 수 있다. 배려가 몸에 밴 사람들이 간혹 있다. 그런데 정직한 사람이 스스로를 정직한 사람이라고 말하지 않듯, 실제로 남을 배려하는 것이 익숙한 사람들은 스스로 누군가를 배려했다고 생각하지 않는다. 그런 행동과

태도가 그들에게는 마치 숨을 쉬듯 당연한 일이기 때문에 배려라고 굳이 의식하지 않는 것이다. 하지만 원래 그런 사람이 아닌데 배려를 하는 경우라면, 마음속에 어떤 목적이 있기 마련이다. 그 마음을 글로 표현하면 이렇다.

"내가 이 정도 배려를 했으니, 저 사람도 이 정도는 해주겠지?"
"그래도 어느 정도는 보상을 해주겠지?"

"해주겠지?"라는 막연한 바람이 모든 불행의 시작이다. 만약 당신이 그런 바람을 지니고 있다면 이 사실을 빠르게 깨달아야 한다. '내가 배려를 하고 손해 본다는 생각을 하는 이유는, 준 만큼 혹은 그 이상 받으려는 마음이 있기 때문이다.' 그런 나날을 보내는 사람들에게는 이런 감정이 자주 생긴다. "하는 것 없이 지치기만 하고, 아무런 소득도 없네." 셰익스피어가 말한 것처럼, 소득도 없이 지치는 이유는 도저히 만족할 수 없는 욕심을 가졌기 때문이다. 억지 배려로 우리가 얻을 수 있는 건 허탈한 마음뿐이다. 나만 배려하고 나만 손해 본다는 생각이 든다면, 당장 그런 태도에서 벗어나야 한다. 배려는 마치 숨을 쉬듯 익숙해서 나도 모르게 몸에서 배어나야 하는 것이며, 그런 배려는 상대를 기분 좋게 해주는 아름다운 음악과도 같다.

"아무것도 바라지 않고 그저 주는 것,

배려는 그 순수한 마음에서 출발한다.

그의 마음을 얻으려고 주는 게 아니라,

그저 나의 마음을 주려고 하는 것이다."

07
William Shakespeare

사랑하는 사람을 떠나보냈다면

사랑은 눈이 아닌
마음으로 보는 것이다.
당신을 생각하면 나의 마음은
새벽을 가로지르며 날아가는 종달새처럼
어두운 대지를 지나
천국의 입구에서 노래를 부르게 된다.

　

사랑이 무엇인지 정의할 수 있다면, 이제 어른의 삶을 시작했다고 볼 수 있다. 마음으로 세상과 사람을 바라보는 능력을 가졌다는 증거이기 때문이다. 셰익스피어는 "달콤한 사랑 덕분에 내 마음은 부자가 된다."라고 말했다. 살다 보면 그 말이 정말 맞다는 사실을 깨닫게 된다. 사랑은 내게 결코 질문하지 않는다. 그저 끝없이 응원하며 지지할 뿐이다. 그런 사랑을 주는 존재가 곁에 있는데 어찌 마음의 부자가 되지 않을 수 있을까? 반대로 그런 소중한 사람이 곁을 떠났는데 어찌 가슴이 무너지지 않을 수 있을까? 가족이나 지인 등 사랑하는 사람을 하늘로 떠나보낸 적이 있다면 누구나 이런 생각을 하게 된다.

"이 슬픔을 어떻게 해야 하는가?
잊으려면 어떻게 해야 하는가?
나는 앞으로 어떻게 살아야 하는가?"

그러나 아무도 가르쳐주지 않는다. 아무리 위로하고 조언해도 슬픔은 지울 수 없고, 절대로 잊을 수도 없다는 진실을 알고 있기 때문이다. 소중한 이가 남기고 떠난 그 사랑을 우리는 기억하고 간직할 수밖에 없다. 셰익스피어가 사랑은 눈이 아닌 마음으로 보는 것이라고 강조한 것은, 곁에 없어도 마음의 눈을 열어 언제든 꺼내 볼 수 있다는 사실을 알려주기 위해서였다. 몰랐던 사람을 알게 되고, 그렇게 사랑하다가 결국에는 이별하고 아파하는 동안 우리는 점점 어른이 된다. 사랑했던 그 사람은 내 곁에 없어도 있고, 내 눈에 보이지 않아도 여전히 있다는 사실을 알게 된다. 이번 필사는 조금 길다. 그래도 차분하게 낭독하며 써보라.

"너를 떠나보낸 그 봄날의 그 햇살,

그 아득한 그리움 하나하나가

여전히 조금도 잊히지 않는다.

이제 나는 너를 잊지 않기로 했다.

너의 이름, 너의 향기, 너의 웃음까지도

마치 곁에 있는 사람을 느끼듯.

겨울이 지나면 봄이 오는 것처럼,

이 슬픔을 넘어서면

나는 다시 너를 만날 수 있다.

잠시라도 너를 다시 안아보고 싶다."

08
William Shakespeare

흔들리지 않고
무엇이든 해내는 마음의 힘

그 꽃은 향기를 잃었으니,
다시 가져가세요.
아무리 값진 선물도
준 사람이 친절하지 않을 땐
고귀한 마음으로 받아도
초라하게 보이니까요.

어떤 시보다 아름답고 향기로운 마음을 담고 있다는 생각이 들어서 꼭 소개하고 싶었던 셰익스피어의 글이다. 향기를 잃은 상대방의 마음은 내가 아무리 고귀한 마음으로 받아도 초라해지기 때문에 돌려준다는 말. 이 말은 우리에게 어떤 깨달음을 줄 수 있을까. 살아가는 동안 남이나 상황에 흔들리지 않을 수 있도록, 반드시 자기 중심을 갖고 살라는 조언이 아닐까. 준다고 다 받지 말고, 사정한다고 다 들어주지 말라는 것이다. 셰익스피어는 그 중심에 '친절'이라는 기준을 두었다. 그는 자신에게 아무리 좋은 것을 준다고 해도 상대의 태도가 친절하지 않다면 단호히 거절하며 살았다. 그래야 초라해지지 않고 평생 자신을 고귀한 상태로 지킬 수 있기 때문이다. 당신에게는 어떤 기준이 있는가? 기준이 분명한 사람은 어떤 복잡한 문제 앞에서도 빠르게 가장 지혜로운 답을 찾아낸다. 중심에 늘 자기 자신이 있기 때문이다.

흔들리지 않고 무엇이든 해내려면, 마음을 단단하게 고정해 주는 삶의 기준이 분명해야 한다. 기준이 있어야 내가 보낸 세월과 스친 경험이 나의 자산이 될 수 있다. 스스로를 성장시킬 수 있는 가장 바람직한 인생이 거기에서 시작된다. 이 사실을 꼭 기억하자. 인생은 모든 사람에게 공평한 기회를 준다. 다만 늘 준비하며 올바로 사는 사람은 단 한 번만 기회가 주어져도 충분하다고 느끼지만, 하나도 준비하지 않고 기적만 기다리며 사는 사람은 수십 번의 기회도 부족하다고 느끼며 늘 한숨만 쉰다. 당신에게 기회가 없다고 느끼는가, 아니면 충분히 주어졌다고 생각하는가? 그 답이 바로 당신의 현실을 증명한다.

"삶은 결코 복잡하지 않다.

복잡한 것은 우리의 욕망이다.

목표를 분명하게 정한 삶은

그래서 모든 문제를 빠르게 해결한다.

삶이 단순해지면 그 삶은

스스로 우리에게 답을 준다."

09
William Shakespeare

화가 많은 사람은 금방 죽는다

기품 있는 사람에게는
폭력의 그림자가 닿지 않는다.
그들의 기품은 마치 공기처럼
손상될 수 없기 때문이다.
기품 있는 자에게 모든 폭력은
그저 시늉으로만 끝난다.

유독 내면에 분노가 가득한 사람이 있다. 다른 사람들은 그냥 웃으며 넘어갈 이야기에도 웃지 못하고 하나하나 신경질적으로 반응하며 시비를 건다. 그런데 결국 누가 손해인 걸까? 시비를 걸어서 이기면(?) 이득일까? 전혀 그렇지 않다. 분노와 화는 이미 그 자체로 나쁜 기운을 갖고 있어서, 발산하는 즉시 자신에게 부정적인 영향을 미친다. 그래서 인간에게는 기품이 필요하다. 셰익스피어의 말처럼 기품 있는 자에게는 어떤 분노와 폭력도 전혀 영향을 미치지 못하기 때문이다. 기품 있는 사람들은 아무리 최악의 일을 마주한다 해도, 이렇게 바꿔서 생각할 수 있는 힘이 있다.

1. 어떤 말도 나의 진실을 손상시킬 수는 없다.
2. 나는 차분하게 말하는 사람의 가치를 안다.
3. 듣기에 나쁜 말은 귀에 담지 않는다.
4. 나는 타인의 이야기를 듣고 화를 내지 않는다.
5. 어떤 상황에서도 나는 나를 유지한다.

누군가는 같은 일로 반복해서 화를 내지만, 다른 누군가는 화를 내지 않는다. 화를 내지 않는 이유는 착해서가 아니다. 그들은 '화는 화를 낸 사람의 것'이라는 삶의 진리를 알고 있기 때문에 늘 차분한 감정을 유지할 수 있다. 화가 많은 사람의 인생은 괴롭다. 무슨 일을 하든 제대로 될 확률이 거의 없으니 인생이 고통의 연속이기 때문이다. 오래 살고 싶다면, 하고자 하는 일을 즐겁게 하고 싶다면, 주변에서 누가 화를 퍼붓더라도 가끔 화가 치밀더라도 그 화를 스쳐 지나가게 두며 스스로를 가볍게 만들어야 한다. 마음에 분노가 가득하면 그 인생은 지옥과 다르지 않다.

"화는 나의 것이 아니다.

나는 내게 좋은 것만 허락한다.

기품 있는 사람에게는

분노와 화가 어울리지 않는다."

10
William Shakespeare

나를 반기지 않는 사람과는
영원히 이별하라

인정이 없는 사람과 이별하라.
더 나은 공간을 찾기 위해서
이 공간을 잃는 것이다.

"저 사람은 왜 이렇게 내게 불친절하지?"
"맨날 괜히 나한테 시비를 거네!"

살다 보면 이런 사람과 인연을 맺게 될 때가 있다. 이때 우리는 괜한 감정의 소비를 철저하게 제어해야 한다는 사실을 기억해야 한다. 인생에서 좋은 감정을 유지하는 건 무엇보다 소중한 일이기 때문이다. 관계를 계속해서 이어나가야 할지 판단이 쉽지 않을 땐 셰익스피어의 조언에 귀를 기울일 필요가 있다. 그는 인정이 없는 사람과 이별하라고 했고, 그걸 더 나은 공간을 찾기 위해서라고 비유했다. 그렇다. 사람과 사람이 만나는 인연도 하나의 공간이다. 내게 맞는 더 좋은 집을 찾아서 이사를 떠나는 것처럼, 내게 맞지 않는 사람도 떠나보내야 한다. 그건 셰익스피어의 말처럼 그를 버리거나 삭제하는 게 아니라, 더 나은 공간을 찾기 위해서 이 공간을 스스로 주도해서 잃는 것이라고 말할 수 있다.

인생은 짧다. 그래서 인연은 더욱 중요하다. 누군가 남의 인생에 굳이 참견해서 비난하고 멋대로 판단하는 이유는, 상대방의 삶에 대해서 잘 모르기 때문이다. 잘 모르고 함부로 평가하고 비난하는 것이니, 굳이 그런 말에 대응할 필요는 없다. 반대로 생각해서 만약 잘 아는 사이였다면 나에 대해 나쁘게 말하거나 함부로 평가하지 않을 것이다. 그러니 나를 잘 모르는 상태에서 내뱉는 비교, 평가, 단정, 비난 등의 언어는 굳이 경청할 필요가 없다. 멈춰 서서 들을 가치가 없는 말이니 스쳐 가게 내버려두고, 나와 맞지 않는 그 공간에서 벗어나야 한다.

"모든 사람은 다 죽는다.
하지만 모든 사람이
다 자신의 삶을 사는 건 아니다.
산다고 모두 살아 있는 건 아니다.
자신과 맞는 좋은 사람을 만나서
스스로의 삶을 살아낼 수 없다면
그건 죽음보다 못한 삶이다."

11
William Shakespeare

살고 싶은 하루를 만드는, 아무리 반복해도 무해한 말

무언가를 욕망하는 사랑도 좋지만,
욕망하지 않는 사랑은 더 좋습니다.

욕망은 아름다운 것이다. 이 세상은 더 살기 좋은 곳을 만들겠다는 아름다운 욕망의 연속으로 탄생한 것이기 때문이다. 하지만 때로는 욕망하지 않는 시간이 필요하다. 바로, 누군가와 인연을 맺거나 마음을 다해 무언가를 할 때다. 각종 협업이나 대화, 혹은 회의를 할 때도 마찬가지로 내 안에 존재하는 모든 욕망을 내려놓고 이렇게 말하는 게 좋다.

"저는 그냥 최선을 다했을 뿐입니다.

당신 덕분에 모든 게 잘되었어요.

저에게 이 좋은 시간을 선물해 주셔서 감사합니다."

살고 싶은 하루는 내가 스스로 만드는 것이다. 아무리 반복해도 무해한 말을 자신과 타인에게 자주 들려주자. 세상에서 가장 무해한 말은 모든 덕을 상대방에게 돌리는 것이다. 이때 중요한 건, 주면서 어떤 것도 바라지 않아야 한다는 사실이다. 내 안에 있는 가장 소중한 것들을 하나도 남김없이 다 준다고 생각해야 한다. "내가 이렇게 말했으니 좀 돌아오는 게 있겠지."라는 생각을 하는 순간, 제어할 수 없는 강한 욕망이 내 안에서 폭풍처럼 일어나기 때문이다. "모두 당신 덕분입니다."라는 무해한 말로 살고 싶은 하루를 만들어보자. 세상은 결국 만드는 자의 몫이니까.

"모든 것이 세상이 준 선물이다.
감사하지 않는 게 오히려 이상하고,
감사하면 할수록 내 마음도
따스한 온기로 채워진다.
고마운 나날의 연속이라서
나는 내 인생이 참 좋다."

김종원의 세계철학전집
×
셰익스피어 for 어른

WILLIAM SHAKESPEARE

2장

어른의 삶은
품격이 다르다

12
William Shakespeare

현명해지기 전까지는 늙지 말아야 한다

1. 있다고 다 보여주지 마라.
2. 안다고 다 말하지 마라.
3. 가졌다고 다 빌려주지 마라.
4. 걷느니 말 타고 다닌다고 하지 마라.
5. 들었다고 다 믿지 마라.
6. 단판에 승부를 걸지 마라.
7. 이 사실을 모두 다 기억하라.

아름답고도 고귀한 이 7가지 말은 모두 셰익스피어의 진실한 조언이다. 시대가 아무리 바뀌어도 절대로 빛바래지 않는 그의 조언을 꼭 차분하게 필사해 보기를 바란다. 정말 그렇다. 단순히 나이를 먹었다고 모두 어른이 되는 건 아니다. 또한, 경험을 쌓았다고 모두 경력자가 되는 것도 아니다. 무엇보다 우리는 현명해져야 한다. 현명해져야 함을 실감할 때 셰익스피어의 7가지 조언은 아주 큰 힘이 되어준다. 늙는 건 쉬운 일이지만, 현명해지는 건 매우 어려운 일이다. 만약 나이 마흔이 지난 상태라면 이제는 시간이 충분하지 않으니 반드시 지금부터라도 현명해지려는 시도를 해야 한다. 다시 강조하지만, 7가지 조언을 매일 낭독하고 필사해 보라. 시간이 지날수록 마음에 와닿는 부분이 다를 것이며, 앞으로 인생을 어떻게 살아가야 하는지 숙고하게 해주어 가장 품격 있는 어른의 길을 찾아내도록 도와줄 것이다.

세상을 보라. 온라인 세상도 마찬가지다. 있다고 다 보여주는 사람이 얼마나 많은가. 없어도 마치 있는 것처럼 과장하는 사람까지 있는 상황이다. 그래서 있다고 다 보여주지 않고, 안다고 다 말하지 않는 삶은 깨달은 어른의 삶이다. 부디 이 사실을 잊지 마라. 세상은 당신이 얼마나 오래 살았는지에 대해서는 전혀 관심이 없다. 숨을 쉰 횟수는 조금도 중요하지 않기 때문이다. 인간으로서 내 가치는 '숨이 막힐 정도로 근사한 시간과 경험을 얼마나 얻었는가'에 있다. 셰익스피어의 조언을 가슴에 새기고 살다 보면 숨이 막힐 정도로 근사한 시간과 경험으로 삶을 채우게 될 것이다.

"내 삶은 무작정 빠르게만 뛰는

한낱 경주가 아니다.

과정을 천천히 즐기며

삶의 행복을 더하는

끝나지 않는 여행이다."

13
William Shakespeare

불경기에도 잘나가는 사람들의 3가지 루틴

> 시간은 숨어 있는
> 흉악한 계략을 밝혀내고,
> 감춘 잘못까지 찾아내서
> 비웃으며 창피를 준다.

거짓이라는 금고에 모든 것을 감출 수 있다 해도, 지금까지 내가 보낸 시간만큼은 결코 숨길 수가 없다. 지나간 시간 그 자체가 모든 것을 생생하게 기억하고 있기 때문이다. 시간은 결코 속일 수가 없다. 셰익스피어 역시 그 사실을 누구보다 잘 알고 있어서, 시간이 숨어 있는 모든 계략을 밝혀내며 나중에는 잘못까지 찾아내서 창피를 준다고 강력하게 경고했다. 그래서 평소 삶의 루틴을 제대로 세워두는 것이 중요하다. 시간이 흐를수록 나약해질 수 있는 내 의지와 삶을 끝없이 일으켜 세우기 때문이다. 게다가 루틴은 지금 같은 불경기에 더욱 힘을 발휘한다. 경기를 타지 않을 뿐만 아니라 오히려 최악의 환경에서 빛을 발하는 것이 바로 루틴이다. 만약 경기와 상관없이 성장하며 잘나가는 인생을 살고 싶다면, 다음 3개의 루틴을 당신의 삶에 장착해 보라.

1. 하루 30분 이상의 운동
2. 1일 3 포스팅과 필사
3. 규칙적인 수면과 적정 식사량

나이가 들면 조금만 과로를 해도 몸이 녹아내릴 것처럼 축 처진다. 물론 좋은 경험은 쌓이지만, 늙는다는 건 짐작보다 더 슬픈 일이다. 그래서 체력이 갈수록 더 중요해지고, 매일 30분 이상 운동에 투자해야 본업에 최선을 다할 수 있다. 그렇게 최선을 다한 하루를 자기만의 방식으로 글로 써서 1일 3 포스팅을 해야 하는 중요한 이유는, 그래야 자신의 하루를 반성하며 더 나은 내일을 계획할 수 있기 때문이다. 또한, 부족한 지식과 지혜는 필사를 통해서 채워야 한다. 그럴 시간을 내기 위해 잠을 덜 자라는 게 아니다. 차곡차곡 성장하려면 규칙적인 수면과 식사량이 매우 중요하다. 나쁜 욕망을 제어하는 동시에 스스로를 돌아볼 줄 아는 하루를 살 수 있게 해주기 때문이다. 이렇게 3가지만 루틴으로 만들 수 있다면 어떤 불경기가 찾아와도 멋지게 성장을 거듭하며 내일을 기대할 수 있다.

"반복하면 어른의 시간을 선물해 줄

귀한 루틴이 지금 나에게 주어졌다면,

처음 입는 옷처럼 자꾸만 입어봐야만

몸에 익숙하게 만들 수 있다.

흔들리는 세상에서 루틴만이 나를 잡아준다."

14
William Shakespeare

굳이 내 손으로 복수할 필요가 없는 이유

누군가 추한 짓을 저질렀다면
그저 시간이 지나길
조용히 기다리면 된다.
악행은 아무리 깊이 파묻어도
사람들의 눈에 발각되는 법이다.

"내가 진짜 반드시 복수할 거야!"

살면서 자주 떠올리거나 누군가에게 실제로 말하게 되는 생각 중 하나다. 그러나 이렇게 글로 읽어보니 어떤 느낌이 드는가? "진짜 유치하구나, 전혀 어른의 품격이 느껴지지 않네." 그렇다. 그래서 어른의 품격을 전하는 고전 탈무드에서는 "잘 살아라. 그게 최고의 복수다."라고 말한다. 좋은 말이다. 하지만 이유까지 알아야 이게 왜 좋은 말인지 제대로 알 수 있다. 셰익스피어의 말처럼, 추한 짓은 아무리 깊이 파묻어도 사람들의 눈에 발각된다. 아주 잠시 속일 수는 있지만 결국에는 탄로가 나고 세상의 판결을 받게 된다. 그게 바로 굳이 복수에 신경을 쓰지 않아도 될 가장 큰 이유다. 잘 생각해 보라. 어떤 사람 때문에 짜증 나는 일을 겪었는데, 그것 때문에 복수까지 하려고 전혀 생산적이지 않은 일에 내 시간과 노력을 투자하는 게 맞는 걸까? 그건 투자가 아닌 소모일 뿐이다.

물론 복수를 하는 과정에서 상대의 고통스러운 모습을 보며 아주 잠깐 통쾌할 수는 있다. 하지만 그런 순간적인 쾌락은 내 삶에 전혀 도움이 되지 않는다. 게다가 복수는 더 크고 잔혹한 복수를 부르기 때문에 결국에는 내 주변 사람이나 가족들마저 복수의 대상들과 척을 질지도 모른다. 가장 최악인 점은 사는 내내 수준 낮은 사람과 싸우며 살게 된다는 사실이다. 내 시간만 소모되는 게 아니라, 힘들게 쌓아 올린 내 수준까지 덩달아 낮아지게 된다. 그러니 세상의 현명한 판결을 기다리며, 나는 내 일에 더욱 전념하는 게 지혜롭다.

"복수는 아예 생각도 할 필요가 없다.
나는 그저 내 일에만 집중해서 살면,
현명한 세상이 알아서 판결을 내릴 테니까.
잘 살자, 어제의 내가
오늘의 나를 부러워할 정도로."

15
William Shakespeare

혼자인 시간을
근사하게 보내는 방법

여름이라는 계절보다
당신이 더 온화하고
사랑스럽습니다.

"혼자 있지만 더 근사하게 살고 싶어."
"좀 더 화려하게 살 수는 없을까?"

혼자인 시간을 좀 더 화려하고 근사하게 보내고 싶다는 사람들에게, 셰익스피어는 세상에 당신보다 더 온화하고 사랑스러운 사람은 없다고 말해준다. 혼자 있는 시간을 외롭다고 생각하지 말고, 이토록 사랑스러운 나 자신과 마주하는 아름다운 시간이라고 생각하라는 조언이다. 나는 지금도 충분히 아름답고 고귀하다. 그렇게 자신을 대하는 태도를 바꿔야 내가 혼자 보낼 시간도 귀한 가치를 갖게 된다. 결국에는 내 생각이 내 수준과 살아갈 환경까지 바꾸는 거니까. 매일 스스로에게 이런 말을 들려주면 그 아름다운 나날을 빠르게 만날 수 있다.

1. 나는 내가 참 좋다.
2. 혼자 있어도 나는 빛나는 사람이다.
3. 세상의 좋은 것은 이미 내 안에 다 있다.
4. 나와의 로맨스는 끝나지 않는다.
5. 나는 매력적인 사람이다.

세상에는 분명 사랑에 빠져 있으면서도 여전히 사랑스럽지 않은 사람이 있다. 보통은 사랑에 빠지면서 저절로 사랑스러운 사람이 되지만, 자신을 사랑하지 못하는 사람은 안타깝게도 그걸 해내지 못한다. 그래서 연애와 결혼 생활을 하는 동안에도 기쁨을 느끼지 못해 금방 관계가 끊어지기도 한다. 혼자인 시간을 근사하게 보낼 수 있어야 하는 정말 중요한 이유가 바로 여기에 있다. 혼자인 시간을 아름답게 보낼 수 있어야, 둘이 되었을 때 더 단단하고 풍요로운 두 사람만의 시간을 즐길 수 있기 때문이다.

"늘 나를 사랑하는 것이

우선이라고 생각하며 살아야 한다.

최선을 다하는 삶은 곧

최선을 다해 나를 사랑하는 삶이다."

16
William Shakespeare

마흔 이후 점점 품격을 잃는 사람들의 3가지 공통점

품격 없는 이 시대 사람들이 편애하는

여러 비슷한 무리에는

이런 공통점이 있다.

1. 품위가 전혀 없는 유행어의 사용
2. 이유가 전혀 없는 습관적인 만남
3. 거품과도 같은 허풍

 마흔 이후에는 풍부한 경험을 통해서 자신의 품격을 채워야 하는데, 오히려 자신도 모르게 품격을 차츰 잃어버리는 사람들이 있다. 이들은 사는 게 점점 힘들어질 수밖에 없다. 마흔 이전에 필요한 것이 청춘의 열정이라면 마흔 이후에는 어른의 품격이 삶의 무기이기 때문이다. 아무리 계급이 높아도 전쟁터에서는 무기 없이 살아갈 수 없는 것처럼 아무리 나이가 들어도 삶이라는 전쟁터에서는 반드시 품격이 필요하다. 마흔 이후 삶의 품격을 채우는 사람들에게는 공통적으로 나타나는 특징이 하나 있다. 태도와 언어 수준이 남들과 확연하게 다르다는 사실이다. 이에 셰익스피어는 품격 없는 사람들에게서 나타나는 공통점을 다음 3가지로 압축해서 소개했다. 다시 한번 같이 읽어보자.

1. 품위가 전혀 없는 유행어의 사용
2. 이유가 전혀 없는 습관적인 만남
3. 거품과도 같은 허풍

셰익스피어의 말을 읽고 놀란 사람이 아마 많을 것이다. 그 시절이나 지금이나 별 차이가 없다는 것 때문에 말이다. 무분별한 유행어의 사용, 외로워서 계속하는 습관적인 만남, 실제로 가지지 못한 것을 과장해서 떠벌리는 행동. 수많은 사람이 여전히 이 모든 것들을 마흔 이후에 되풀이하며 품격을 잃는다.

사람들은 결국 결이 맞는 이들끼리 모인다. 누군가에게는 매우 희망적인 말이지만, 다른 누군가에게는 무서울 정도로 절망적인 말일 수 있다. 나는 당신이 전자이기를 간절하게 소망하며 위에 소개한 3가지 행동을 삶에서 아예 지우기를 바란다. 품격을 잃으면 모든 걸 다 잃는 것이라는 사실을 기억하자.

"나만의 언어를 갖고

혼자 있는 시간을 즐기며

진실한 하루를 살 수 있다면

누구든 마흔 이후

자신의 품격을 높이며

당당하게 살 수 있다."

17
William Shakespeare

너그러운 어른의 태도를 갖고 싶다면

널 사랑하지 않아서가 아니야,
나를 사랑하지 않기 때문이지.

겉으로는 드러나지 않을 수도 있지만, 사실 우리 모두의 내면에는 대부분 이런 생각과 욕망이 꿈틀거리고 있다.

"내가 저 사람보다는 우월하지."

"세상의 모든 좋은 건 나만 갖고 싶다."

"친해도 절대로 손해는 보고 싶지 않다."

그런데 과연 이게 나쁜 걸까? 나는 전혀 그렇게 생각하지 않는다. 나쁜 성향을 가져서 그런 게 아니라, 아직 내면이 어른의 수준으로 농밀해지지 않아서 그럴 뿐이다. 이를 셰익스피어는 조금 다르게 표현했다. "너그러운 태도를 갖지 못하는 이유는 오직 하나, 나 자신을 사랑하지 않기 때문이다." 자신을 사랑하게 되어 농밀한 어른의 내면을 갖게 되면, 자연스럽게 모든 상황에서 너그러워진다. 또한, 세상에는 이해하지 못할 게 없고 모든 것에는 다 나름의 이유가 있다는 사실을 깨닫게 되면 쉽게 분노하지 않으며 소리를 지르지도 않게 된다. 다음 2가지를 인생에서 지우면 그런 삶에 좀 더 가깝게 다가갈 수 있다. 하나는 '내가 더 우월해야 한다는 자만'이며, 나머지 하나는 '타인과의 경쟁에서 이겨야 한다는 착각'이다. 2가지 착각을 인생에서 버릴 수 있다면 우리는 모두 너그러운 어른의 태도를 가질 수 있다. 또한, 자신이 스스로 선택한 길을 누구보다 사랑하는 마음으로 열심히 달리며 그 과정에서 자연스럽게 빛을 발하는 삶을 살 수 있다. 그 삶은 다음 3가지 질문에서 시작한다.

1. 나는 내 삶의 가치를 스스로 정하고 있는가?
2. 나는 내가 언제든 틀릴 수 있다는 사실을 인정하는가?
3. 나는 남과 다르기에 특별하다는 사실을 알고 있는가?

자신의 가치를 스스로 정하고, 언제나 틀릴 수 있다는 사실을 알고 있으며, 남과 달라서 특별하다는 것을 아는 사람은 누구와도 경쟁하지 않는다. 경쟁하지 않으므로 너그럽게 갖고 있는 모든 좋은 것을 나눌 수 있으며, 내가 우월하다는 생각에서 자유로울 수 있다. 그에게는 모든 것을 남에게 줘도 나는 언제든 또 새롭게 만들 수 있다는 멋진 자신감이 있고, 달리는 길이 다르다고 눈치를 보는 일도 없기 때문이다. 너그러운 어른의 태도를 갖고 싶다면 이 3가지 질문을 가슴에 품고 아래 글을 필사하며 지금부터 그런 삶을 시작해 보라.

"타인에게 너그럽지 않은 이유는

그를 사랑하지 않아서가 아니라,

나 자신을 사랑하지 않기 때문이다.

스스로를 사랑해야 자신의 가치를 믿을 수 있고

자기만의 삶을 살며 어른의 기품을 가질 수 있다."

18
William Shakespeare

내가 자랑하는 것이
나의 지적 수준을 증명한다

과거의 이야기로 자랑하는 건 어리석다.
가진 것이 과거의 이야기밖에 없을 때
인간은 처량해지기 시작한다.
지혜로운 삶의 비밀은
지금 이 순간을 즐기는 마음에 있다.

세상에는 사람이 참 많다. 또한, 사람이 많은 만큼 그들이 자랑하는 것 역시 참 다양하다. 그런데 차분하게 잘 살펴보면 그들이 각자 자랑하는 것이 그냥 나온 것이 아님을 알게 된다. 맞다. 언제나 자신의 현재 지적 수준에 맞는 대상이 자신이 자랑할 주제가 된다. 또한, 자랑은 결코 나쁘거나 참아야 할 행동만은 아니다. 넓게 보면 내가 배워서 알고 있는 걸 주변 사람들에게 말하는 것도 자랑의 일종이다.

그러나 이것 하나는 잊지 말기 바란다. 사람은 자기 자신이 갖고 있는 것들 중에서, 스스로 가장 중요하거나 가치 있다고 생각하는 부분을 자랑하게 된다. 결국 내가 자랑하는 것이 나의 지적 수준을 증명하는 것이다. 돈이 많은 것을 자랑할 수도 있고, 누군가를 돕는 행위를 자랑할 수도 있고, 어제 읽었던 책의 내용을 들려주며 스스로 깨달은 내용을 자랑할 수도 있다.

물론 모두 스스로 노력을 통해서 얻은 것이니 귀하고 아름다운 자랑이다. 그러나 주의할 게 하나 있다. 지금 자신의 모습을 한번 점검해 보라. "나는 과거를 자랑하고 있나? 아니면 오늘과 내일을 자랑하고 있나?" 셰익스피어의 말처럼 자랑할 게 과거의 이야기밖에 없을 때 인간은 초라해진다. 과거에 했던 무언가가 아닌, 현재와 미래를 자랑해야 어른의 품격을 가질 수 있다. 지금 치열하게 몰입하고 있는 것과 어떤 내일을 꿈꾸고 있는지를 말하는 사람들의 자랑은 자랑처럼 들리지 않는다. 그런 자랑은 어떤 음악보다도 더 아름답고 햇살보다 따스해서, 긴 겨울 끝의 봄날처럼 자꾸만 기다려진다.

"나는 지금 무엇을 자랑하고 있나?
과거는 모두 지나갔으니 잊고 가슴에 묻자.
대신 이 순간을 최선을 다해 즐기며,
내가 이루고 싶은 미래를 만들어가자."

19
William Shakespeare

다리 떠는 습관을
빠르게 고쳐야 하는 이유

부끄럽지만 인간이라서
울 수밖에 없다.
본성과 습관은
참 버리기 어렵다.

"다리 좀 그만 떨어!"

아이 때부터 시작해서 어른이 되어서도 지겹도록 자주 듣거나 누군가에게 하게 되는 말이다. 내가 굳이 이 주제로 글을 쓰는 이유는, 다리를 떠는 모습이 보기 싫거나, 어른들이 말하듯 복이 나가기 때문만은 아니다. 일단 다리를 떨게 되면 스스로도 불안해지고 괜히 초조해진다. 성격이 조급해질 수 있으며 독서나 글쓰기, 혹은 공부 등 집중력이 필요한 일에 능력을 발휘하지 못하게 될 가능성도 있다. 자신에게 최악이라는 말이다. 물론 다리를 떨어야 집중이 잘 되어 공부 효율이 올라간다는 사람도 있을 수 있다. 물론 그럴 수도 있다. 하지만 이 글을 끝까지 읽는다면 생각의 방향을 좀 더 확장할 수 있어서 "나도 한번 나를 바꿔볼까?"라는 결론에 도달할 수 있을 것이다.

셰익스피어가 습관을 고치는 게 참 어렵다고 말할 수 있었던 건, 그도 나쁜 습관을 고치려고 스스로 노력한 경험이 있었기 때문이다. 또한, 그가 아무리 고치려고 해도 쉽게 되지 않았던 걸 포기하지 않고 끝까지 반복한 이유는 나쁜 습관을 고치는 게 그만큼 큰 가치가 있다는 사실을 알았기 때문이다. 사소한 건 결코 사소하지 않다. 다리를 떠는 습관도 마찬가지여서, 그런 습관이 나중에는 인간관계에까지 영향을 미쳐 같은 성격이나 성향을 가진 사람들끼리 모이게 될 가능성이 높다. 산만한 사람 5명이 모여 있으면 모두가 다리를 떨진 않아도, 놀랍게도 각자의 창의적인(?) 방식으로 산만한 모습을 보여주게 된다. 세상의 모든 중요한 일들 중에는 산만하거나 조급한 사람들은 해내기 매우 어려운 것들이 많다. 흔들리지 않고 한 자리에 앉아서 무언가를 꾸준히 해내는 삶을 살고 싶다면, 일단 다리를 떠는 것처럼 나쁜 습관을 고치는 게 좋다.

"남의 이목 때문이 아닌,
스스로의 성장을 위해서
최대한 빠르게 나쁜 습관을
고치는 게 나를 위해 좋다.
나는 조금 힘들어도
나를 위해 해낼 것이다."

20
William Shakespeare

어른의 품격을 채우는 7가지 최소한의 예의

모든 환영에는
격식과 예절이 있는 법이다.
예의를 갖추어야 한다.

"저 사람은 왜 이렇게 예의가 없지?"
"도대체 격식이 전혀 느껴지지 않아!"

누군가를 대하다 간혹 이런 생각이 들 때가 있다. 이런 생각이 드는 순간 처음 상대방에게 가졌던 마음까지 변해버린다. "처음에는 좋았는데 만나면 만날수록 진짜 별로네!" 좋아하는 마음이나 반가운 마음 그 자체가 격식과 예의를 대신할 수는 없다. 반기는 마음이 뜨거울수록, 격식과 예의도 거기에 맞게 갖추어야 한다. 그래야 내 안에 있는 진심을 상대방에게 전할 수 있기 때문이다. 셰익스피어의 말처럼 어른에게는 어른의 격식과 예절이 필요하다. 어른의 품격을 채우는 7가지 최소한의 예의를 소개한다.

1. 나오는 대로 말하지 않고 단어를 골라서 쓴다.
2. 메일이나 메시지를 보낼 땐 인사로 시작한다.
3. 상대방의 장점을 발견해서 알려준다.
4. 서두르지 않고 차분하게 과정을 즐긴다.
5. 감정의 변화를 최소한으로 조절한다.
6. 모든 상황에서 배우려는 자세로 다가간다.
7. 상대방의 말을 충분히 다 듣고 나서 말한다.

어른에게는 그에 걸맞은 격식과 예의가 분명히 존재한다. 진정한 어른은 나이로 구분할 수 있는 게 아니기 때문이다. 나이가 든다고 저절로 어른이 되는 것도 아니고, 마찬가지로 그저 지식만 쌓는다고 품격을 갖출 수 있는 건 아니다. '어른'의 '품격'은 그래서 갖기 매우 힘든, 수준 높은 이상이다. 위에 소개한 최소한의 예의를 늘 기억하며, 어른의 품격이란 결국 인간에 대한 최소한의 예의에서 나온다는 사실을 잊지 말자. 그런 나날을 습관처럼 반복할 수 있다면 누구든 흔들리지 않는 어른의 품격을 가질 수 있다.

"어른은 나이가 많은 사람이 아니다.

지식의 높이가 품격을 갖췄다는 걸 증명하진 않는다.

인간에 대한 최소한의 예의를 지킬 때,

나는 어른의 품격을 가질 수 있다."

21
William Shakespeare

왜 나는 남들보다
더 자주 화를 내며 분노하는가

남을 저주하고
비방하는 악담은
어리석은 자의 귓속에서만
숙면을 취하는 법이다.

삶의 진리가 정말 진하게 녹아 있는 말이다. 우리가 왜 어리석은 삶에 안녕을 고해야 하는지 그 이유도 바로 이 말 속에 있다. 지혜로운 사람은 살면서 거의 분노하지 않는다. 화를 내거나 필요 이상으로 소리를 지르지도 않는다. 다 이유가 있다. 그들의 귀에는 절대로 자신을 향한 악담이나 저주가 들어올 수 없기 때문이다. 셰익스피어의 조언처럼, 만약 당신이 지금 누군가가 퍼붓는 저주와 악담에 괴롭다면 스스로를 점검하는 게 좋다. 그건 자신이 지혜롭지 않다는 증거이기 때문이다. 누가 내게 바보라고 말한다고 해서 내가 실제로 바보가 되는 건 아니다. 아주 간단한 이치이지만 우리는 자꾸 흔들리며 반응한다. 비방이나 악담에 흔들린다는 건 스스로 자신을 바보라고 부르는 것과 같다.

지혜로운 사람들의 귀에는 타인이 들려주는 온갖 부정적인 말이 들리지 않는다. 좀 더 분명하게 말하자면 그런 말들이 소중한 내면에 침입하지 못하도록 단단하게 자신을 보호한다. 그래서 악담과 저주의 소리는 언제나 자신을 받아주는 어리석은 자의 귀를 찾는다. 그들은 듣는 즉시 분노의 문을 열어서 가장 소중한 내면의 공간에 그 악담들이 쉴 자리를 마련해 주기 때문이다. 다른 현실을 맞이하고 싶다면 다른 반응을 보여주면 된다. "당신 생각은 그렇군요.", "맞아요, 생각은 다 다를 수 있죠.", "모두의 생각이 다 같을 수는 없으니까요." 이렇게 말할 줄 아는 지혜로운 사람들은 모두의 생각은 다를 수 있으며, 동시에 자신에게 나쁜 것들은 받아들이지 않을 자유가 있다는 사실을 알고 있어서 늘 내면의 평안을 유지한다. 그들이 사는 세상만 평화로운 게 아니라, 그들 스스로가 자신을 평화롭게 만든다.

"화와 분노는 낮은 지성의 증거다.
타인의 생각은 바람처럼 스치자.
지혜로운 자는 언제나 자신에게
평안과 차분한 나날을 선물한다."

22
William Shakespeare

너무 심각해지면
내 인생만 손해다

인생이란 단지 그림자가 걷는 것이다.
무대에서 활기차게 연기하다가
연기처럼 사라지는 것이다.
어리석은 자가 외치는
곧 끝날 이야기와 같은 것이다.
미친 듯한 광기만 가득하고,
조금의 의미도 없는 것이다.

"시간과 돈이 아깝다! 그게 대체 어떤 의미가 있는 거야?"
"어릴 때 아이랑 여행 가면 뭐 해. 애가 커서 기억도 못할 거야."
유독 '생산성'에 민감하게 반응하는 사람들이 있다. 그들은 어디에서 무엇을 하든 생산적이지 않은 일이라면 좀처럼 하려고 하지 않는다. 여행을 가도 뭔가 남아야 한다고 생각하고, 쉬면서도 끊임없이 무언가를 하고 있어서 제대로 휴식을 취하지 못한다. 이런 현상이 그냥 일어난 건 아니다. 아주 오래전부터 우리나라는 무언가를 생산해서 외국에 팔며 살아왔다. 생산하는 과정에는 전문가이지만, 소비하고 누리는 과정에서는 아직 배우는 학생이라고 볼 수 있다. 그래서인지 일상에서 자꾸만 더 심각해지고 자신을 내려놓지 못한다. 자신에게 너그럽지 못하고 휴식조차 허락하지 않는 사람들에게 셰익스피어는 이런 조언을 한다. "모든 인생은 어리석은 자가 외치는 곧 끝날 이야기와 같은 것이다."

물론 일상의 곳곳에 의미를 두고 진지하게 행동하는 건 매우 중요하다. 창조적인 모든 결과는 진지한 탐구에서 나오는 거니까. 하지만 필요 이상으로 심각한 것과 진지한 건 차원이 다른 문제다. 좋게 생각하고 차분하게 움직이는 게 진지한 거라면, 지나치게 예민하게 생각하고 서둘러 움직이는 건 필요 이상으로 심각한 것이라고 말할 수 있다. 심각한 태도로는 인생을 잘 살아낼 수가 없다. 셰익스피어가 말한 것처럼 그런 인생에는 미친 듯한 광기만 가득하다. 무언가를 멋지게 생산하려면 차분하게 쉬는 과정도 필요하다는 사실을 자각해야 한다.

"나는 심각해지지 않을 것이다.

늘 긍정적으로 생각하며

나 자신에게 진지한 태도를 선물한다.

그리고 세상에서 가장 조용한 휴식도

나 자신에게 틈틈이 허락할 것이다.

생산하는 것만큼 소비하는 것도 소중하니까."

김종원의 세계철학전집
×
셰익스피어 for 어른

WILLIAM
SHAKESPEARE

3장

어른의 선택에는
후회가 없어야 한다

23
William Shakespeare

스승은
내가 배울 준비를 마치면 나타난다

젊은이들에게
가볍게 입는 격식이 없는 옷은,
위엄과 수준을 보여주는
노인의 예복만큼이나
잘 어울린다.

셰익스피어의 말처럼 누구에게나 자신에게 맞는 옷이 있다. 청년과 노인이 입는 옷도 마찬가지다. 젊은이들에게 노인의 예복을 입힌다고 갑자기 연륜이나 깊이가 생겨나는 건 아니다. 노인 역시 마찬가지로 젊은이처럼 격식이 없는 가벼운 옷을 입는다고 해서 갑자기 활력이 생기고 신체적으로 젊어지는 건 아니다. 옷도 어울리는 나이와 시기가 있는 것처럼, 배우는 과정 역시 시기가 따로 있다. 내 눈앞에 뛰어난 스승이 있다고 바로 배움의 과정이 시작되는 건 아니다. 살면서 아마 자주 경험해 봤을 그 과정을 7개의 문장으로 정리했으니 과거를 회상하며 읽어보라.

1. 배움은 가르치는 자가 아닌 배우려는 자의 몫이다.
2. 배우려는 준비를 마쳐야 스승이 보이는 법이다.
3. 나는 아무것도 아는 게 없다는 걸 깨우쳐야 한다.
4. 그럼 비로소 사방에 스승이 있다는 사실이 보인다.
5. 깨달음은 남이 주는 게 아니며, 스스로 손에 쥐는 자의 몫이다.
6. 모른다는 걸 알아야 채울 공간을 마련할 수 있다.
7. 깨달음은 결국 마음과 의지의 문제다.

누구든 다시 태어날 정도의 강렬한 깨달음을 매일 경험할 수 있다. 다만 주변에 마땅한 스승이 없다는 생각이 든다면, 문제는 주변이 아닌 자신에게 있음을 스스로 깨우쳐야 한다. 내 스승은 사방에 이미 가득하다. 스스로 배울 준비를 마친 상태가 아니라면, 어떤 위대한 스승이 앞에 서 있어도 그가 보이지 않는다. 나는 내 수준에 맞는 깨달음만 얻을 수 있다. 좀 더 수준 높은 깨달음을 원한다면 나 자신이 거기에 걸맞게 준비가 되어 있어야 한다. 지금처럼 읽고 쓰는 나날을 꾸준히 반복하며 스스로의 수준을 높여서 배울 준비를 마쳐야 한다. 그러니 항상 '나는 아무것도 아는 게 없다'는 사실을 잊지 마라.

"아무것도 아는 게 없다는
사실을 아는 사람만이
무언가를 배울 수 있다.
비움이라는 준비를 마쳐야
채울 수 있다."

24
William Shakespeare

보내야 할 사람은 빠르게 보내야 한다

자기 생각이 없는
껍데기만 걸친 말은
하늘로 날아갈 수 없다.

살다 보면 간혹 들어줄 수 없는 부탁을 하는 사람을 만날 때가 있다. 그럴 때 그에게 나쁜 말을 하기 싫어서, 최대한 따뜻하게 승낙도 거절도 아닌 말을 들려주는 경우가 생긴다. 그게 당시에는 최선의 선택이었다고 생각할 수 있으나, 시간이 흐르면 최악의 선택이었음을 깨닫게 된다. 분명히 거절해야 할 사항인데 애매한 태도를 보여준 결과, 상대는 계속해서 언젠가는 승낙할 거라는 기대감을 키우게 되기 때문이다. 그러다 보면 상대는 시간이 이렇게 흘렀는데도 여전히 승낙해 주지 않는 나를 오해하고 미워하게 된다. 거절해야 할 땐 따뜻한 말이 아니라, 예리할 정도로 섬세한 말이 필요하다. 분명하게 생각을 전해야 상대도 헛된 기대를 품지 않고 다른 곳을 찾을 수 있기 때문이다.

셰익스피어가 자기 생각이 없는 껍데기만 걸친 말은 아무런 쓸모가 없다고 말한 이유가 바로 여기에 있다. 거절해야 할 때 그저 그 상황을 좋게 넘어가려고 내뱉은 말은 진실된 말이라고 볼 수 없다. 진짜 내 생각이 담긴 말이 아니기 때문이다. 웃음 역시 마찬가지다. 모두에게 사람 좋은 웃음을 보내주는 것도 장기적으로 볼 때 좋은 선택은 아니다. 간혹 작은 오해로 시작한 일이 되돌릴 수 없을 정도로 커지는 사례를 목격하게 된다. 껍데기만 걸친 거짓 웃음과 행동이 만든 불행한 결과다. 최대한 좋게 생각하는 건 물론 아름다운 마음이지만, 싫은 사람에게까지 억지웃음을 보내는 건 자신에게도 최악인 동시에 상대에게도 미안한 일이다. 괜한 억측과 오해를 부를 수 있으니까. 웃음 하나까지도 내 생각을 담고 있어야 한다.

"모두에게 좋은 사람이 될 수는 없다.

모든 부탁을 다 들어줄 수도 없다.

그건 소중한 나 자신을 배신하는 일이다.

웃음 하나에도 내 생각을 담아야 한다.

가장 진실한 것이 가장 반짝인다는 사실을 믿자."

25
William Shakespeare

앞으로는 SNS를 이렇게 활용해야 삶이 나아진다

아, 이것이야말로 탁월한 바보짓이다.
불행한 일이 생겼다면
그건 나의 행동이 지나쳤기 때문인데,
자신의 불행을 태양이나
달과 별의 탓으로 돌리다니!

읽자마자 바로 깨달음을 얻게 되는 말이다. 셰익스피어의 이 말에 틀린 부분은 전혀 없다. 그러나 문제는 읽기에는 쉬운 진실이 우리의 삶으로 들어오면 실천하기 참 어렵다는 사실이다. 자, 지금부터 자신의 삶을 돌아보며 글을 읽어보라. 방금 누군가 자신의 SNS 계정에 "행복한 가정에서는 엄마, 아빠가 서로에게 다정한 말을 들려준다."라는 제목의 글을 썼다고 치자. 어떤 사람이 지나가다가 이런 댓글을 달았다. "이건 뭐 천국에 사는 사람들의 이야기 아닌가요!" 물론 이런 댓글은 누구나 자유롭게 쓸 수 있다. 틀렸거나 나쁘다는 말이 아니다. 그런데 한 번쯤은 이렇게 생각해 봐야 한다. 댓글을 쓴 그 사람이 서로 다정한 말을 들려주는 부부의 일상을 천국처럼 느낄 정도라면, 자신은 그런 것을 꿈도 꿀 수 없는 지옥에서 살고 있다는 사실을 스스로 고백한 것 아닌가.

무심코 남기는 댓글도 이렇게 자신의 현실을 그대로 보여준다. 이 지점을 잘 생각해 봐야 한다. 스스로 자신의 가정이 다정한 말이 어울리지 않는 지옥이라고 생각하는 부모와 같이 사는 아이들은 과연 매일 어떤 말을 들으며 살고 있을까? 지옥과 크게 다르지 않은, 상상만 해도 지독한 상황에 처해 있을 가능성이 매우 높다. 한마디 말이 자신의 현실을 아주 선명하게 보여준다. 만약 당신이 부모라면 그 한마디 말은 아이의 미래까지도 정해버릴 수 있다. 참혹한 현실이 아닐 수 없다. 셰익스피어의 말처럼 그런 자는 결국 자신에게는 전혀 잘못이 없고 별과 달이 그랬다며 엉뚱한 곳에 책임을 돌리는 삶을 살게 된다. 물론 그렇게라도 말하지 않으면 견딜 수 없는, 힘든 삶을 산다는 사실은 안타깝기 그지없다. 하지만 앞으로의 삶에서 후회를 줄이고 싶다면 이렇게 해보자. 내 삶이 힘들면 힘들수록 현실과는 다른, 내가 만나고 싶은 세계를 표현한 글과 말을 SNS에서 사용하는 것이다. 행복하다는 말버릇을 가진 사람은 결국 행복해지는 것처럼, SNS에서 버릇처럼 반복한 말은 결국 모두 나의 인생이 된다.

"현재는 당장 바꿀 수 없지만
가까운 미래는 얼마든지 바꿀 수 있다.
나는 모든 SNS에 이런 글을 쓸 것이다.
사랑과 행복, 그리고 기쁨이 가득한 글.
내가 자주 쓴 글이 내 인생이 된다."

26
William Shakespeare

지성과 삶의 수준을 확 높여주는
17가지 조언

자신의 분별력을
스승으로 삼고 행동하라.
행동을 말에 일치시키고,
다시 말을 행동과 같게 하라.
그럼 자연스럽게 도를 넘어서는
잘못된 행동을 하지 않게 된다.

셰익스피어는 "하늘에서 참새 한 마리가 떨어지는 과정에도 특별한 이유가 존재한다."라고 말했다. 그런 특별한 무언가가 보이는 사람이 있고 안 보이는 사람이 있다. 같은 공간에서 같은 지점을 바라봐도, 지적 수준에 따라서 눈과 마음에 담는 풍경은 완전히 달라진다. 셰익스피어의 말처럼 분별력을 갖고 살면서 인생에서 발생할 수 있는 후회를 줄이고, 모든 상황을 더 깊고 넓게 바라볼 수 있는 사람이 되려면 어떻게 해야 할까? 일단 넘겨짚는 삶과 이별해야 한다. 경험과 지성이 모자란 사람들은 단지 의심만 하며, 생각하지 않고 자주 넘겨짚는다. 그들은 확신이 없는 삶을 산다. 그런 나약한 삶에서 벗어나고 싶다면, 지성과 삶의 수준을 훌쩍 끌어올리는 다음 17가지 조언을 마음에 담고 실천해야 한다.

1. 함부로 생각을 발설하지 마라.
2. 설익은 생각을 행동으로 옮기지 마라.
3. 친절해야 하지만 천박해서는 안 된다.
4. 지혜로운 친구들과 너를 영혼의 끈으로 묶어라.
5. 허세만 가득한 철없는 사람에게서 벗어나라.
6. 어떤 싸움에도 끼지 마라.
7. 혹시 끼게 되면 고귀하게 행동하라.
8. 귀는 모두에게, 입은 소수에게만 열어라.
9. 모든 의견을 수용하되, 판단은 보류하라.
10. 지갑의 두께만큼 귀한 옷을 사 입어라.
11. 그러나 요란하지 않게, 기품 입게 입어라.
12. 복장을 보고 사람을 판단하는 사람이 대부분이다.
13. 돈은 빌리지도, 빌려주지도 말아라.
14. 빚 때문에 모든 관계가 망가진다.

15. 돈을 자꾸 빌리면 절약심이 무너진다.
16. 무엇보다 자기 자신에게 진실해야 한다.
17. 늘 자신을 축복하며 자신에게 가장 잘해야 한다.

나의 진정한 스승은 나 자신이다. 내가 나의 스승이 될 때 인간은 셰익스피어가 말한 분별력을 갖게 된다. 그렇게 인간의 내면이 넓어지면 마음과 영혼과 함께 근육과 몸집까지 크게 보이는 법이다. 큰 사람이 되면 삶을 대하는 태도까지 달라진다. 더는 젊은 사람과 경쟁하지 않으며, 대신 그들의 성장을 인정하고 그들에게 용기를 주며 그들과 함께 즐기는 고귀한 어른의 일상을 보낸다. 그런 하루를 보내니 사는 나날이 곧 성장의 나날이 되지 않을 수가 없다.

"모든 사람의 삶은 다 의미가 있다.
단, 스스로 의미를 부여해야 한다.
내 삶의 의미를 스스로 찾을 수 있어야
보고 듣고 느낀 모든 것을 재료로 삼아
내가 나의 스승이 되어 살 수 있다."

27
William Shakespeare

나이 들수록
점점 빛나는 사람들의 태도

어떤 사람이 되고 싶나?
그건 모두 자신에게 달렸다.
나의 몸은 정원이고,
나의 의지는 정원사와 같다.

어떤 사람은 나이 들수록 점점 매력이 떨어지고, 동시에 투정이나 변명만 늘어서 자존감의 상태가 최악인 채로 살아가게 된다. 그런 나날이 이어지면 결국 무기력한 상태가 되어서 우울증에 빠지게 될 가능성이 높아진다. 하지만 반대로 나이 들수록 점점 빛나는 사람들이 있으니, 그들은 셰익스피어의 말처럼 자신의 일상이라는 정원을 잡초가 아닌 자기만의 향과 색으로 빛나는 꽃들로 아름답게 가꾼다. 전혀 어려운 게 아니다. 중요한 건 의지의 문제이기 때문이다. 나이 들수록 매력적인 인생을 살고 싶다면, 스스로 매일 아침 이런 다짐을 하며 하루를 시작하는 게 좋다.

1. 나는 오늘도 내 마음속에 아름다운 씨앗만 심는다.
2. 불만과 불평은 나와 어울리지 않는다.
3. 소중한 사람들에게 향기로 남을 수 있는 말만 들려준다.
4. 나는 내가 원하는 세상의 좋은 것들을 내게 초대할 수 있다.
5. 내 바람은 결국 모두 이루어질 것이다.

꽃을 심을지 아니면 잡초를 심을지는 자신의 의지에 달려 있다. 화초를 심거나 혹은 상추 같은 채소 씨를 뿌리거나, 하나의 약초로 정원을 모두 채우거나 여러 가지를 다양하게 심거나, 그렇게 할 힘과 가꾸어나갈 권한은 모두 우리의 의지에 달렸다는 사실을 기억해야 한다. 정원사가 정원을 가꾸듯, 인간의 의지가 몸을 완성한다. "왜 내 정원에는 나비가 없을까?"라는 말도 어리석다. 정원을 아름답게 가꾸면 나비는 저절로 찾아올 것이기 때문이다. 실제로 하는 것 없이 불평과 불만만 늘어놓는 사람들은 노력하면 저절로 찾아오는 것들을 언제나 가만히 앉아서 얻기를 바란다. 과연 그게 바라는 대로 이루어질까? 당연히 안된다. 잘되지 않으니 다시 변명하고 불평하는 삶을 살게 되는 악순환으로 이어진다. 셰익스피어의 말처럼 모든 삶에는 다 이유가 있으니, 다음 문장을 필사하며 좋은 기운을 내면에 담아보라.

"나는 나이 들어서 늙는 과정을
조금도 불평하지 않는다.
불평이 많아지면 가엾게 느껴져서
남들이 몇 번 정도는 이야기를 들어주겠지만,
결국 견디지 못하고 다른 곳으로 갈 테니까."

28
William Shakespeare

모든 상황과 모든 일에서 늘 스스로 판단하라

시간을 팔아서 얻은 것이
먹고 자는 것뿐이라면,
인간이란 짐승이 아니고 무엇인가.
신은 우리에게 앞뒤를 내다보며
생각하고 판단하는 능력을 주었으니
부디 신이 준 선물을 썩히지 마라.

"난 잘 모르겠어. 네 생각은 어때?", "그냥 네가 하자는 대로 하는 게 좋겠다." 다른 사람의 의견을 존중하는 것은 좋은 삶의 태도다. 하지만 타인의 의견을 존중하는 것과 스스로 판단하지 못하는 것은 반드시 구분해야 한다. 스스로 생각해서 판단할 수 있는 사람이 타인의 의견을 존중할 때 의미가 있는 것이지, 아예 생각조차 하지 못해서 구걸하듯 타인의 의견을 묻고 의지한다면 존재하는 의미 자체가 없는 것이다. 그러다 보면 후회만 가득한 인생을 살게 될 뿐이다.

우리는 모두 자신의 소중한 시간을 팔아서 살고 있다. 또한, 이제는 더 팔 시간이 남아 있지 않을 때 마지막으로 죽음을 맞이하게 된다. 그렇게 생각하면 지금 내게 주어진 시간이 얼마나 소중한 것인지 실감할 수 있을 것이다. 먹고 자는 것에만 시간을 사용한다면 동물과 다를 게 없다는 셰익스피어의 말에 귀를 기울여야 한다. 아무리 사소한 일이라고 할지라도 언제나 자신을 중심에 두고 판단하는 습관을 가져야 한다. 스스로 생각하고, 스스로 선택하고, 스스로 끝내야 한다. 그래야 후회가 없다. 이 사실을 꼭 기억하자. 스스로 생각하는 습관을 갖지 못하면, 결국 '생각당하는' 일상을 살게 된다. 그땐 내 인생을 내 것이라고 부를 수도 없게 된다.

"나만 살 수 있는 인생을 살아야 한다.
사소한 것 하나도 스스로 생각해서
스스로 결정을 내려야
과정과 결과에서
나만의 깨달음을 얻을 수 있다."

29
William Shakespeare

지갑은 얼마든지 잃어도 괜찮으니 이것만은 지켜라

내 지갑을 훔친 자는
쓰레기를 훔친 것이고
지갑은 결국 수많은 사람의
손을 옮겨 다닐 것이다.
하지만 내 이름을 훔친 자는
비록 부자는 되지 못하겠지만,
나를 정말로 가난하게 만든 것이다.

읽으면 자연스럽게 이해가 되는 멋진 말이다. 그러나 '이해'의 수준에서 멈추지 않고, 좀 더 깊이 들어가 보면 전혀 다른 의미가 보인다. 셰익스피어가 말한 이름이란 결국 무엇을 의미하는 걸까? 최선을 다한 세월을 통해서 지금까지 쌓은 경력이나 가치를 뜻한다. 하나 묻겠다. 무언가를 잘하게 되거나 원하던 걸 얻게 되면 영원히 행복할까? 아주 잠시 동안은 행복하고 기쁘겠지만, 그 좋은 감정은 결코 오래가지 않는다. 이런 사실을 아련히 깨닫게 되기 때문이다. '이제 다시는 서툰 시절로 돌아갈 수 없구나.', '그 사람 마음을 얻으려고 애를 쓰던 그 시절로 다시는 돌아갈 수 없구나.'

지금 누군가의 마음을 얻는 과정이 너무 힘들게 느껴진다면, 혹은 새롭게 시작한 글쓰기나 독서, 마케팅이나 기획이 너무나 힘겹게 느껴진다면 이 사실을 꼭 기억하자. '서툰 시절과 모든 게 부족한 이 시간이 지금은 물론 어렵고 힘들지만, 한번 건너가면 다시는 돌아올 수 없는, 오직 지금만 느낄 수 있는 세상에서 가장 귀한 감정을 얻을 수 있는 때야.' 이 힘든 시간이 모여 셰익스피어가 강조한 '나의 이름'이 완성되는 것이다.

현재 내 지갑 안에 들어 있는 돈은 결국 내 이름에서 나온 것이고, 내 이름은 지금까지 쌓은 지식과 가치 그리고 모든 경험을 통해 만들어졌다. 그래서 셰익스피어는 지갑은 얼마든지 가져가도 괜찮지만 이름은 절대로 줄 수 없다고 말한 것이다. 아무리 사소한 계약을 하더라도 우리는 가장 마지막에 자신의 이름을 쓴다. 내 모든 삶을 바쳐서 증명한다는 의미다. 아무리 많은 돈을 잃어도 나는 가난해지지 않지만, 이 짧고도 단순한 이름 석 자를 잃게 되면 완전히 가난해진다.

나중에 후회하지 않으려면 그 가치를 사는 내내 지켜내야 한다. 그러나 주변에서 자꾸 칭찬과 아부를 하면 초심을 조금씩 잃게 된다. 거기에서 그치지 않는다. 초심이 무너지면 힘들고 어렵게 쌓은 내 이름이라는 탄탄한 성도 무너진다. 쌓는 건 어렵지만 무너지는 건 금방이라는 말이 그래서 나온 것이다. 그런 최악의 상황을 마주하고 싶지 않다면, 틈틈이 과거를 돌아보며 지금 내 이름이 그냥 만들어진 게 아니라는 사실을 인지해야 한다. 지나간 나날이 얼마나 아름다웠는지를 깨달아야, 그렇게 하나하나 쌓아서 만든 내 이름을 지킬 수 있다.

"잘하려고, 무언가를 얻으려고 분투하며
애를 쓰던 시절이 나중에 돌아보면
내 인생에서 가장 아름다웠다.
이제 다시는 돌아갈 수 없는 시절이니까.
잊지 말고 평생 그 마음을 지키자."

30
William Shakespeare

애써 얻은 지식과 소중한 경험을 모독하지 마라

어리석은 자와 시간을 보내는 게
내 재미와 이득 때문이 아니라면,
애써 얻은 지식과 값진 경험을
스스로 모독하는 것과 같다.

셰익스피어가 이런 말을 한 이유는 뭘까? 어리석은 자를 통해서 내 재미와 이득을 쟁취하라는 걸까? 그렇지 않다. 스스로 값진 지식과 경험을 얻었다면 거기에 맞는 수준 높은 사람들과 교류하라는 간절한 조언이다. 지식을 더 많이 쌓고 경험이 풍성해지면 참 이상하게도 말수가 적어진다. 이유가 뭘까? 깨우칠수록 보이는 게 많아서, 오히려 말이 통하는 사람을 찾기 어렵기 때문이다. 처음 만나는 상대라고 하더라도 그저 잠시 나눈 대화로 그가 현재 어떤 수준인지 바로 알게 된다. 그래서 깨우친 자는 대부분 조용히 혼자만의 시간을 즐기며 살게 된다. 그런 진짜 어른의 삶을 시작하려면, 셰익스피어의 조언을 가슴에 담고 실천해야 한다.

1. 어리석은 자와 시간을 보내지 마라.
2. 배우지 않는 자와 대화를 나누지 마라.
3. 지식과 경험을 쌓지 않는 자와 교류하지 마라.

이런 자세로 산다면 우리는 그를 어른이라고 부를 수 있다. 그는 이제 더 이상 어리석은 자들과 엮여서 후회하는 나날을 만들지도 않을 것이다. 언제나 매력적이지만 오만하진 않고, 자신의 생각을 주장하지만 시끄럽지는 않고, 심한 가난에 시달리지도 반대로 사치에 중독되지도 않고 사는 이들이 바로 그들이다. 또한, 그들은 굳이 복수하려고 애를 쓰지 않는다. 자기 내면에서 증오심을 삭제하기 때문이다. 복수할 기회가 찾아와도 스스로 원망을 멈추고 분노를 날려 보낼 수 있다면, 증오심이나 복수심 때문에 인생을 낭비하는 실수를 하지 않을 것이다.

"나는 편을 나누거나
하나만 비정상적으로 옹호하지도 않는다.
어떤 것도 편파적으로 옹호하지 않으며
진실을 내 몸처럼 아낄 수 있다면,
진짜 어른으로 성장할 수 있다."

31
William Shakespeare

안달하는 마음이
노력한 시간을 대신할 수는 없다

당신은 나를 피리보다 더 쉽게
연주할 수 있다고 생각하는가?
나를 무슨 악기로 불러도 상관없어.
당신은 나를 만질 수는 있어도,
연주할 수는 없을 거야.

뜨거운 열정이 모든 것을 가능하게 만들 수 있을까? 다시 말해서, 무섭게 라면 봉지를 노려본다고 저절로 물이 끓고 맛있는 라면이 만들어질 수 있을까? 당연히 그렇지 않다. 세상에 피아노를 보자마자 아름답게 연주할 수 있는 사람은 없다. 어떤 천재에게도 반드시 치열하게 노력한 시간과 경험이 필요하다. 하지만 세상을 잠시만 둘러봐도 천재 그 이상의 재능이 마치 자신에게 있는 것처럼 착각하며 노력은 하지 않고 사는 사람이 많다는 사실을 알게 된다.

한 달만 공부하면 작가처럼 글을 쓸 수 있고, 바로 창업을 해도 월급 이상의 이익을 낼 수 있다고 유혹하는 모든 광고 카피가 그런 현실을 증명한다. 세상에 존재하는 대부분의 카피는 이 시대를 살아가는 다수의 마인드와 태도를 증명하니 참고하면 인간 내면에 숨어 있는 욕망을 읽을 수 있다. 사실 그런 카피들은 사람들이 그토록 원하는 글쓰기나 창업을 도리어 모욕하고 있는 것이나 다름없다. 그런 것들을 얼마나 형편없는 것으로 생각했으면, 마음만 먹으면 당장 가질 수 있다고 말하는 걸까. 셰익스피어는 연주라는 행위에 빗대어 그런 착각을 하며 살아가는 이들에게 이렇게 말한다.

"너는 당장 나를 연주하고 싶겠지. 마치 내게서 소리 나는 구멍이 어디인지 알고 싶어서 안달이 난 사람 같아. 항상 그래. 넌 늘 핵심 능력만 뽑아내고 싶어하지. 하지만 너는 내가 노래를 부르게 하지는 못할 거야."

뭔가가 하고 싶어서 안달이 난 마음이 노력한 시간을 대신할 수는 없다. 자기만의 연주를 하고 싶다면 자기만의 방식으로 연습하는 시간이 필요하다.

"인생은 누구에게도 만만하지 않다.

치열하게 연습하지 않으면,

인생이라는 악기를 연주할 수 없다.

절실한 마음보다 절실한 행동이 중요하다."

32
William Shakespeare

가슴에 별을 품고 사는 사람을
알아보는 법

간절한 희망은
어둠 속에서
빛을 발한다.

아름다운 말이지만, 이 말의 진정한 가치는 다른 곳에 있다. 단순하게 희망이 중요하다는 말이 아니기 때문이다. 모두가 밝은 빛 속에 있을 때는 누가 가슴에 희망을 품고 있는지 알 수 없다. 빛이 사라지고 어둠이 다가오는 때에 우리는 누가 가슴에 더 간절한 희망을 품고 있는지 비로소 알 수 있다. 이게 핵심이다. 희망은 어둠 속에서 빛을 발하니 희망을 가지라는 말이 핵심이 아니라, 어둠이 찾아오면 누가 가슴에 희망을 품고 사는지 확인할 수 있다는 사실이 핵심이다. 내일이 기대되는 사람이 누구인지 알고 싶다면 불안과 어둠이 찾아왔을 때를 놓치지 말고 주변을 둘러보라. 고통과 슬픔만이 가득한 어두운 공간에서 홀로 빛나는 사람이 분명 있을 것이고, 그가 바로 가슴에 빛나는 별을 품고 자신의 내일을 강력하게 기대하는 사람이다. 대부분의 후회는 인간관계에서 나온다. 만약 당신이 이런 방법으로 주변에 어떤 사람들이 있는지 먼저 파악할 안목을 갖춘다면 관계에서 벌어지는 후회의 빈도를 극적으로 줄일 수 있을 것이다.

누구나 희망을 가질 수 있지만, 모두가 희망을 계속 지닌 채 살아가는 것은 아니다. 그래서 가슴에 품은 희망이라는 별은 그가 자신을 얼마나 아끼고 사랑하는지 알 수 있게 해준다. 희망은 다른 사람과 나를 구분 짓게 해주는 하나의 귀한 능력이라고 볼 수 있다. 암울한 상황에서도 인간은 희망이라는 능력을 가졌기에 다른 생물들과 구별되며, 하루하루 더 나은 내일을 기대하며 살아갈 수 있다.

"내 가슴에 희망이 있는 한
나는 어떤 어려운 상황에서도
포기하지 않을 수 있다.
나는 매일 내게 희망을 초대한다.
그것들은 부르는 자의 몫이니까."

김종원의 세계철학전집
×
셰익스피어 for 어른

WILLIAM SHAKESPEARE

4장

어른은 언제든
나도 틀릴 수 있다고 생각한다

33
William Shakespeare

"다 이유가 있겠지."라는 이불처럼 따뜻한 말

지성의 무덤이라고 할 수밖에 없는 곳에서는
무지한 자 말고는 누구도 웃지 않는다.
비명을 질러도 누구도 주목하지 않으며,
격렬한 슬픔도 그저 바람처럼 스칠 뿐이다.
착한 사람의 목숨이
모자 위에 올려놓은 꽃이 시들기도 전에 사라진다.

내게는 미워하거나 싫어하는 사람이 거의 없다. 물론 이런 나를 극도로 증오하거나 싫어하는 사람은 있을 것이다. 아니, 정말 많을 거라는 사실을 알고 있다. 그럼에도 나는 그들 역시 미워하지 않는다. 그들이 나를 미워하는 것이, 나도 그들을 미워할 이유가 되지는 않기 때문이다.

"다 이유가 있겠지."

나와 다르거나 나를 그냥 싫어하는 사람들을 만날 때마다 내가 내뱉는 말이다. 정말 그렇다. 삶이 다른 것처럼 사는 이유도 모두 다르고, 한 걸음을 내딛는 이유 역시 모두 각자 다르다. 그런 그들을 내가 다 이해할 수는 없다. 그걸 다 이해하려는 건 거짓이거나 헛된 욕망일 수밖에 없다. 나는 그저 그들을 바라보며 "다 이유가 있겠지."라고 말할 뿐이다.

그런 태도를 갖고 살면 어떤 일이 생길까? 사는 나날이 곧 깨달음의 나날이 된다. 내가 언제든 틀릴 수 있다는 사실을 알고 있어서, 어디에서 무엇을 하며 살든 그 공간을 깨달음이라는 꽃이 피는 지성의 정원으로 만들 수 있다. 셰익스피어는 지성의 무덤을 착한 사람은 살 수 없는 슬픔만 가득한 공간이라고 정의했다. 그가 말하는 착한 사람이란, 한 사람이 가진 가능성과 장점을 존중하며 이해하려는 태도로 다가서는 사람을 말한다. 이때 "다 이유가 있겠지."라는 말이 그런 태도를 만들 힘을 우리에게 전해준다.

"세상에 이해하지 못할 사람은 없다.

이해하려고 다가가지 않았을 뿐이다.

모든 상황에는 다 이유가 있다.

그 이유를 찾아내는 사람만이

모르던 세계를 하나 더 이해할 수 있다."

34
William Shakespeare

마흔 이전에는 매일 하루 30분 꼭 이걸 해야 한다

일이 끝났다고
스스로 판단할 때까지는,
어떤 행운이 다가와도
나는 기쁘지 않을 것이다.

"혼자서 고민하며 자신에게 질문하는 시간."

젊은 시절의 고민과 자신에게 던지는 질문은 보약과도 같다. 다양한 사람들과 어울리며 몰려다니는 것도 물론 좋지만, 매일 하루 30분 이상 혼자만의 공간에 앉아서 차분하게 자신에게 질문하는 시간을 갖는 게 필요하다. 자신에게 질문을 하면서 답을 찾기 위해 고민한 시간은 어디에서도 배울 수 없는 귀한 깨달음을 선물로 준다. 셰익스피어가 말한 '일이 끝났다고 스스로 판단할 때'에서의 일이란, 스스로 고민해서 주도적으로 선택한 일을 말한다. 자신의 의지로 선택해서 시작한 일이 아니라면, 그 안에 어떤 행운이 깃들어도 결국 자신의 것이 될 수는 없다는 말이다. 스스로 부르지 않은 행운은 자신에게 독이 될 뿐이다.

그런 일을 하는 삶을 살고 싶다면 늘 자신을 탐구해야 한다. 어떤 지혜로운 사람도 나보다 나를 더 잘 알 수는 없다. 나를 살릴 수 있는 최고의 어른은 바로 나 자신이다. "이게 맞나요?"라고 남에게 그만 묻고, 이제는 스스로에게 "더 나은 방법을 찾으려면 어떻게 해야 할까?"라고 끝없이 질문하라. 문제가 무엇이든 그걸 해결할 방법을 가장 잘 아는 자는, 더 많이 배운 자가 아니라 단 하나라도 선택에 대한 책임을 지는 자다. 책임은 내가 져야 하는데, 왜 자꾸 남에게 선택권을 주나. 질문은 최고의 지적 도구이니, 그 귀한 것을 매일 자신에게 자주 선물해야 한다.

1. 나는 만족할 수 있는 하루를 보내고 있나?
2. 나는 내가 선택한 하루를 살고 있나?
3. 나는 지금부터 무엇을 해야 하나?

위에 소개한 3개의 질문을 매일 자신에게 묻고 또 묻는 사람만이 자기 자신을 위한 최고의 어른으로 성장할 수 있다. 자신에게 질문하는 삶을 시작하라. 거기에 삶을 바꿀 모든 기적이 숨어 있다.

"매일 '나는'으로 시작하는
3가지 질문을 스스로에게 던지며
혼자 고민하는 시간을 가져야 한다.
삶의 질이 바뀌면서 나는 매일
더 높은 수준의 나로 성장한다."

35
William Shakespeare

나도 누군가에게는 나쁜 사람일 수 있다

현실에서는 사람들에게
상처 주는 사람들을 칭찬하고,
오히려 착하게 사는 것은
바보나 하는 위험한 짓이라고 비난한다.
그러니 착하게 사는 사람들을
굳이 변호해서 무엇이 달라지겠나.

셰익스피어의 이 말을 들여다보면 인생이 참 허무하게 느껴진다. 착하게 사는 게 좋은 거라고 배웠지만, 현실에서는 오히려 상처를 주는 사람들을 칭찬하며 격려한다. 입으로는 착하게 살라고 외치지만 행동은 전혀 다른 셈이다. 지혜로운 셰익스피어는 이 말을 통해서 인생의 허무를 말하는 것이 아니라, 인생은 알 수 없으니 모든 상황을 유연하게 받아들이라고 조언하고 싶었던 것이다.

인간관계를 맺을 때 늘 이 사실을 기억해야 스스로에게 실수를 하지 않을 수 있다. 나는 내게만 좋은 사람이며 타인에게는 언제나 나쁜 사람일 수 있다. 심지어 가끔은 우리 자신에게도 좋은 사람 구실을 하지 못할 때가 있는데 어찌 남에게 늘 좋은 사람일 수 있을까. 게다가 성격이나 성향도 모두에게 다르게 해석될 수 있으니, 누군가는 나의 침착한 성격을 좋게 느낄 수 있으나 다른 누군가에게는 너무 느리게 느껴져서 비호감일 수 있다.

셰익스피어의 조언처럼, 늘 좋은 사람이 되려는 마음은 욕심이다. 아니, 너무나 비현실적인 욕망에 가까우니 빠르게 버리는 게 현명하다. 그런 욕망은 오히려 자신을 너무나 힘들게 만들 수 있다. 할 수 없는 것을 자꾸 하려고 하니 과열된 엔진처럼 점점 마음을 지치게 만들기 때문이다.

"나도 누군가에게는
나쁜 사람일 수 있다.
모두를 만족시키려는 시도는
아무도 만족시키지 못하는
최악의 결과만 만들게 된다."

36
William Shakespeare

예쁘게 바라보면
예쁘지 않은 게 없다

자기 일에 무심해지는 것도
결국 하나의 습관이다.
할 일 없는 사람의 손이
더 예민한 법이니까.

세상에는 어떤 일을 보았을 때 예민하게만 반응하는 사람이 있고, 같은 것을 보면서도 더 섬세하게 바라보는 사람도 있다. 의식하지 않아서 잘 느끼지 못하지만 그런 사례는 여기저기에서 찾아볼 수 있다. 하루는 내가 운영하는 SNS에 아이와 함께 보면 좋은 다큐멘터리를 소개하는 글을 쓰자, 이런 식의 댓글이 달렸다.

"요즘에는 다큐도 시청률에 민감해서 별로입니다."

이런 방식의 댓글을 남기는 사람들은 일상에서도 마찬가지로 뭐든 부정적으로 바라보거나 타인의 생각과 의견을 인정하지 않는다. 세상에서 진정으로 단정할 수 있는 사실은 단정할 수 있는 게 아무것도 없다는 것 하나뿐이다. 그래서 세상을 더 섬세하게 바라보며 자신에게 아름답게 만드는 사람들은 같은 상황에서도 다른 해석을 내놓는다.

"참 감사합니다. 시청률에도 신경을 쓴 덕분에 다큐멘터리가 사라지지 않고 꾸준히 만들어지고 있네요. 오히려 대중성도 놓치지 않으니까, 다큐를 보며 그런 감각까지 배울 수 있겠어요."

이게 바로 셰익스피어가 말한, 예민한 사람과 섬세한 사람의 차이다. 이들에게는 같은 자극과 사건이 주어지지만 각각 전혀 다른 현실을 사는 사람처럼 다르게 반응한다. 그래서 셰익스피어는 할 일 없는 사람이 되는 것, 그리하여 자기 일에 무심한 사람이 되는 삶을 경계했다. 자기 삶에 대한 애정이 없으니 자꾸 타인의 삶을 예민한 시각으로 바라보게 된다. 사람 사는 건 거의 비슷하다. 유독 어떤 사람에게만 좋은 일이 반복해서 일어나진 않는다. 반대도 마찬가지다. 주변의 어떤 사람에게 멋진 일만 반복해서 일어나는 것처럼 보인다면, 그는 모든 상황을 자신에게 예쁘고 훌륭하게 바꿀 수 있는 사람이라는 걸 알아차릴 필요가 있다. 예쁘게 바라보면 예쁘지 않은 게 없고, 못된 시선으로 바라보면 모든 게 다 흉측하게 보인다.

"내 눈에 보이는 게 바로 나의 수준이다.

나는 내 수준에 맞는 것만

발견하고 표현할 수 있다.

나는 내 삶과 내게 주어진 일에 애정을 갖고,

좀 더 섬세한 사람으로 성장할 것이다."

37
William Shakespeare

서른 이후 인생의 전환을 이끌어내는 5가지 습관

자신에게 덕이 없더라도
어떻게든 몸에 걸쳐보라.
오늘 자제하며 바꾸면
내일은 좀 더 쉬워지고,
그다음은 더 쉬워진다.

　습관을 바꾸면 모든 게 바뀐다. 셰익스피어의 말처럼 괴물도 천사가 될 수 있다. 차분하고 올바른 행동이 습관이 되면, 세상은 거기에 맞는 옷을 당신에게 입혀줄 것이다. 그게 바로 세상이 말하는 행운이다. 행운은 그냥 오는 게 아니라, 거기에 맞는 사람으로 살면 만날 수밖에 없는 손님이다. 어떻게든 몸에 걸쳐서 오늘 시작하면 내일은 좀 더 쉬워지고, 그다음 날은 더 쉬워진다. 습관은 뼛속들이 새겨진 천성까지도 지울 수 있을 정도로 강력하기 때문이다. 셰익스피어의 말을 참고해서 서른 이후 인생의 변화를 이끌어내고 싶다면 다음 5가지 사항을 일상의 습관으로 만들면 된다.

1. 하루 10번 이상 생각을 메모하는 습관
2. 나를 중심에 두고 생각하는 습관
3. 고마운 사람을 떠올리는 습관
4. 더 나은 방법을 생각하는 습관
5. 행복 노트를 만들어서 기록하는 습관

할 수 없다고, 내게는 맞지 않는다고 불평하기보다는 셰익스피어의 말을 일단 굳게 믿고 몸에 걸쳐보라. 어찌 보면 해본 적이 없으니 익숙하지 않은 게 당연하다. 이 사실을 한번 생각해 보라. 몸에 맞지 않는다는 건 그간 해본 적이 없어서 익숙하지 않다는 사실을 의미한다. 익숙하지 않아서 그만 두는 게 아니라, 익숙해질 때까지 더 치열하게 시도해야 한다. 생각을 바꾸면 질문이 바뀌고, 질문이 바뀌면 인생도 바뀐다.

"스스로 불행하다고 생각한다면
더욱 습관을 바꿔야 한다.
불행이라는 괴물도 내던질 정도로
습관의 힘은 강력하니까."

38
William Shakespeare

최선의 의도로 최악을 맞이한 건 이게 처음은 아니다

치밀하게 세운 계획이
실패로 끝났을 땐,
오히려 무모해지는 게
자신에게 도움이 된다.
일은 내가 벌이지만
마무리는 신이 한다고 생각하면
모든 것에서 배울 수 있다.

하루는 온라인에서 이런 내용의 글을 본 적이 있다. 우리가 처음 의도한 것과 결과가 얼마나 다를 수 있는지를 잘 설명해 줄 수 있는 글이라 소개한다. 글을 쓴 주인공은 평소 마트에서 인기가 높은 와인을 싹쓸이하는 사람들 때문에 구매할 기회를 매번 놓쳐서 짜증이 난 상태였다. "아무리 그 와인이 좋아도 싹쓸이를 하면, 다른 사람은 어쩌라고! 진짜 나쁜 사람들이네." 평소 그는 이런 생각을 하고 있었다. 그런데 하루는 그 와인이 마트에 남아 있는 걸 목격했고, 기쁜 마음에 모두 구입해서 집에 돌아온 후 이런 내용의 글을 써서 올렸다.

"이 와인은 마트에서 눈에 보이는 족족 다 사시는 걸 추천합니다. 저는 다 데리고 왔습니다. 다 사서 가족과 친구들에게 줬습니다."

어떤가? 싹쓸이를 하는 게 나쁘다는 그의 생각은 옳았다. 또한, 그 와인이 보이면 사서 즐겨보라고 온라인에 공유한 의도도 물론 좋았다. 하지만 결국 어떻게 되었나? 그가 한 행동을 분석해 보면 결과적으로는 이렇다.

1. 자신은 데리고 오는 거고, 남은 싹쓸이를 하는 거다.
2. 그는 자신이 갖지 못한 것을 가진 사람을 욕하는 사람일 뿐이다.

과연 이런 사례에서 나는 예외일 수 있을까? 쉽지 않다. 치밀하게 세운 계획도 언제나 실패로 돌아갈 수 있다는 셰익스피어의 말처럼 내 선택과 생각은 언제든 틀릴 수 있다는 사실을 다시 한번 기억해야 한다. 인간은 노력할 뿐 판단과 결과는 언제나 신의 뜻이라고 생각하자. 실제로 나는 나 자신을 잘 모른다는 사실을 알고 있어야 살면서 무언가를 배울 수 있다. 인간은 자신이 어떤 의도를 갖고 어떤 생각을 하는지 좀처럼 인지하지 못하고 살기 때문에, 스스로를 잘 안다고 생각하지만 잘 모르는 경우가 매우 많다. 그래서 최선의 의도가 많은 경우 최악의 결과로 끝나곤 한다. 이런 사태를 피하려면 판단의 오류를 만드는 분노와 비난하려는 태도를 버려야 한다. 그래야 내 의도에 선한 마음을 담을 수 있어서 결과까지 아름답게 만들 수 있다. 바로 이렇게 말이다.

"다른 사람도 사야 하니까, 필요한 만큼만 가져가자."

"와, 운이 좋네. 우리 몇 개만 사고 나머지 운은 다른 사람들에게 선물하자."

이미 나의 세계철학 시리즈에서 소개한 적이 있는 글이지만, 이번에 다시 한번 더 소개하고 싶어서 남긴다. 이 글을 필사하며 내면에 담자. 그래야 어떤 시대, 어떤 영역에서든 내가 원하는 좋은 결과를 만들어낼 수 있다.

"분노한 지점이 바로
너의 지적 수준이고,
반박한 지점에
너의 결핍이 있다."

39
William Shakespeare

나는 영원히
반짝이지 않아도 괜찮다

반짝인다고
모두 금은 아니다.

"내 인생은 언제 빛나는 걸까?"

"이 생활도 이제 점점 지친다."

"과연 나도 잘되는 날이 오는 걸까?"

사는 게 참 쉽지 않다. 미래가 불안해서 현실에서 최선을 다하지만, 때로는 최선을 다하는 일상 역시 우리를 불안하게 만든다. "최선을 다했는데 실패로 끝나면 어쩌지? 그땐 정말 끝인데." 이 시대를 사는 수많은 사람이 공감할 것이다. 대체 내 삶의 빛은 어디에 있는 걸까? 나는 어른 노릇이나 하면서 사는 걸까? 이때 이 질문을 반드시 기억해야 한다. 스스로에게 물어보라.

"나는 왜 반짝여야 하는가?"

인생의 본질을 꿰뚫는 말이다. 나는 왜 내가 반짝여야 한다고 생각했을까? 반짝인다는 건 대체 무엇을 의미하는 걸까? 셰익스피어의 말처럼 반짝인다고 모두 금은 아니다. 그러나 그의 말은 거기에서 끝나지 않는다. 그는 흔들리는 당신에게 이 말을 하고 싶었던 것이다. 아래 문장을 자신이 쓴 글이라고 생각하며 차분히 필사해 보라.

"내 인생이 지금 반짝이지 않는다고
금이 아니라고 말할 수는 없다.
내일 반짝일 수도 있으며,
영원히 반짝이지 않아도 괜찮다.
나는 태어나면서부터 이미
스스로 빛나는 존재였으니까."

40
William Shakespeare

가장 사랑하는 건
의심하는 게 아니다

그대여, 모든 것을 의심하라.
별이 불타지 않을까 의심하고
태양이 움직이지 않을까 의심하며
모든 진실이 거짓이 아닐까 의심하라.
그러나 단 하나, 내 사랑은
절대로 의심하지 마라.

책을 내는 과정은 결코 쉽지 않다. 출판계가 불황이기도 하지만 쓴다고 다 책이 될 수 있는 건 아니기 때문이다. 내기만 하면 팔리는 엄청난 베스트셀러 작가가 아니라면, 집필을 시삭할 때 줄간을 확정하기도 어렵다. 내가 쓰는 글도 당신이 쓰는 글도 그렇다. 그럼에도 불구하고 나와 당신이 고독하고 외로운 시간을 견뎌내며 끝내 A4 용지로 100매가 넘는 원고를 써내고 있는 이유는, 출간을 하지 못한다고 하더라도 이 사실에는 변함이 없기 때문이다.

"내가 이 원고를 완성하기 위해
노력한 시간은 사라지지 않고 남아서
한때 누구보다 뜨거웠던
내 마음의 온도를 기억하고 있다."

셰익스피어는 모든 것을 다 의심하라고 조언했다. 하지만 단 하나, 사랑은 조금도 의심하지 말라고 했다. 이것이 바로 핵심이다. 이게 과연 책이 될 수 있을까? 내가 글을 완성할 수 있을까? 이런 온갖 의심이 고개를 드는 건 피할 수 없는 현실이다. 다만 이 사실 하나만은 잊지 말아야 한다. '나는 글 쓰는 나를 사랑하며, 이 시간이 가치 있다는 사실을 조금도 의심하지 않는다.' 뭔가를 쓰려고 생각했다면 출간이나 이후의 결과는 아예 생각도 할 필요가 없다. 그저 쓰는 '이 시간'과 쓰려는 '내 마음'에만 집중하면 된다. 그 시간과 그 사랑하는 마음이 당신을 영원히 기억할 테니까. 다른 일도 모두 마찬가지다. 사랑하는 일을 치열하게 하고 있다면 그저 자신이 보낸 시간을 믿고 기다려라. 시간이 모두 해결해 줄 것이다.

"이제 그저 전진하면 된다.

내 소중한 시간과 노력을

받을 자격이 있는 곳에 바치자.

낡고 병든 이 마음이

깨끗하게 치료될 수 있도록

나는 나의 시간을 쏟을 것이다."

41
William Shakespeare

자기 자신에게
따지는 일상을 시작하라

지위는 따질 문제가 아니라,
지켜야 할 그 무엇이다.
나는 내 지위가 아닌,
스스로의 장점으로 나를 증명했다.
내가 준 내 권리로
최고 수준에 도달하게 되었다.

"당신에게 그걸 말할 자격이 있나요?"
"네가 뭘 안다고 충고야!"
"혹시 이 분야의 경력이 어떻게 되시나요?"

요즘 주변을 둘러보면 남에게 무언가 사소한 이유로 따지는 게 일상이 된 것 같다. 그런데 곰곰이 생각해 보면, 남에게는 매일 따지지만 정작 자신에게는 따진 적이 별로 없다는 사실을 알게 된다.

그럼 이렇게 질문할 수밖에 없다. "나는 늘 잘하고 있는 건가?", "나는 늘 만족스러운가?", "왜 자신에게는 늘 관대한가?" 물론 부당한 일을 당했을 때 타인에게 따지는 것도 중요하다. 그러나 언제나 가장 중요한 건 그 방향이다. 남의 자격과 지위의 높낮이를 따지는 건, 어리석은 자들의 대표적인 특성이다. 지혜로운 사람은 늘 자신을 본다. 타인의 자격이나 지위를 따질 시간을 모두 아껴서, 이 질문들을 자신에게 던진다.

1. 나는 나를 어떻게 증명할 것인가?
2. 그러기 위해서 지금 나는 무엇을 해야 하나?

셰익스피어의 조언처럼 나는 내가 증명해야 하고, 내 지위는 따져서 쟁취하는 게 아니라 내 능력으로 지켜내야 하는 것이다. 그래서 자기 삶의 어른은 언제나 남이 아닌 자신에게 따진다. 따진다는 표현이 부정적으로 들릴 수 있으니, 조금 불편하다면 위에 소개한 것처럼 자신에게 던지는 질문 정도로 순화해서 받아들이면 된다. 짐작할 수조차 없는 커다란 성장은 자신에게 질문을 던지는 것에서 시작된다. 수많은 타인은 그들 자신이 알아서 하게 그냥 두라.

"누구보다 내가 먼저 달라져야 한다.
자신에게 치열하게 질문을 던지며
현실을 제대로 바라볼 수 있어야,
내가 원하는 자리에 설 수 있다."

42
William Shakespeare

친구의 결점은 이해하는 게 아니라 견뎌내야 할 일이다

친구라면 친구의 결점을
참고 견딜 수 있어야 한다.

"친구라면 그 정도는 이해해야지."
"누구에게나 결점이나 단점은 있어."
"좋은 친구라면 이해하고 넘어가야지."

자라면서 이런 이야기를 정말 자주 들었을 것이다. 하지만 이게 과연 맞는 말일까? 세상이 진리라고 강요하는 게 있다면 한번 스스로 생각하고 점검해야 한다. 아무리 진리라도 내게는 전혀 다르게 느껴질 수 있으니까 말이다. 타인의 단점이나 결점을 진정으로 '이해하는' 건 정말 어려운 일이다. 평생을 함께하는 부모님이나 가족들의 아주 사소한 결점 하나도 죽는 날까지 이해하지 못해서 싸우고 돌아서는 게 현실이기 때문이다. 이에 셰익스피어는 친구의 결점은 이해할 대상이 아니라, 그저 참고 견디는 것이라는 정말 생산적이며 현실적인 조언을 남겼다.

이해는 신의 영역에 가깝다. 내면의 수준이 신보다 낮을 수밖에 없는 보통의 인간에게는 이해보다는 참고 견디는 힘이 필요하다. 진실한 친구라면 그의 결점이나 단점을 최대한 참고 견뎌야 한다. 물론 무작정 견디라는 말은 아니다. 그럴 때 인간에게는 또 하나의 무기가 있다. 그건 바로 '생각'이다. 본래 좋거나 나쁜 것은 대부분 생각하기 나름이다. 그냥 무작정 참고 견디는 게 아니라, 그들의 단점과 결점을 좋게 생각하며 자연스럽게 받아들이는 것이 지혜롭다. "친구가 그랬다면 다 이유가 있겠지.", "친구의 이런 습관에는 나름대로 원인이 있을 거야." 이런 방식으로 이유가 있다고 생각하면 친구의 결점을 좀 더 좋게 생각하는 데 도움이 된다.

"주변에 좋은 사람이 있다면

그들이 가진 결점까지 참고 견뎌야 한다.

최대한 이유가 있다고 생각하며

자연스럽게 받아들이면 된다."

43
William Shakespeare

스스로 시작할 수 있다면 뭐든 할 수 있다

눈 속에는 눈알이 없고
지갑 속엔 돈이 없는 상황이군요.
당신 눈은 앞이 보이지 않는 처지에,
지갑은 가벼운 처지에 있군요.
그래도 세상 돌아가는 모습은 볼 수 있습니다.

"아, 내게 좀 더 힘이 있다면!"

더 많은 힘과 좋은 환경을 갈망하는 건 인간에게 있어 본능과 같이 자연스러운 현상이다. 하지만 늘 전력으로 달릴 수 있는 체력이 주어지는 건 아니다. 그런 상태가 되면 더 좋겠지만, 그런 최상의 상태가 내게 주어지지 않아도 나는 여전히 달릴 수 있다는 사실을 기억해야 한다. 때로는 속도가 느릴 수도 있고, 때로는 망가지고,

때로는 예상한 것보다 결과가 좋지 않을 수도 있다. 나는 언제든 쓰러질 수 있다. 하지만 그럼에도 다시 도전할 수 있다는 사실을 기억하자.

셰익스피어는 이렇게 조언한다. "지금부터 견뎌내라. 고난이 '됐다, 네가 이겼다.'라고 외치며 스스로 물러날 때까지." 달릴 수 없다면 견디는 것만으로도 충분하다. 다른 아무것도 하지 않고, 그냥 견디며 참아내는 것만으로도 당신은 훌륭하다. 세상에서 가장 어려운 게 어둠 속에서 버티는 거니까.

그러니까 조금만 참자. 좋은 날이 오고 있다. 지갑 속에 돈이 없고, 앞이 보이지 않는 상황이라고 해도 세상은 여전히 자신의 속도로 돌아가고 있다는 셰익스피어의 말처럼, 우리는 언제나 지금 할 수 있는 걸 하면 된다. 그런 결정을 하는 데는 길어야 1분밖에 걸리지 않고, 하루에는 1분이 무려 1,440개나 있다. 그건 내가 스스로를 바꿀 기회가 하루에 1,440번이나 존재한다는 사실을 의미한다. 기회는 어디에든 있다. 그저 내가 기회라고 생각하지 않을 뿐이다. 세상은 내게 "준비가 다 되었나?"라고 묻지 않는다. 나의 준비와는 상관없이 삶은 계속된다. 내 앞에서 시작하는 사람이나 나보다 빠른 사람을 부러워하지 마라. 나는 그저 나의 속도로 내가 서 있는 이 자리에서 시작하면 된다. 시작은 언제나 내가 선택할 수 있다.

"나는 나를 움직일 수 있어야 한다.
가능하다고 생각하면
결국 뭐든 가능해지는 법이다.
가능하다는 생각이 곧
나를 움직이는 가장 큰 재산이다."

김종원의 세계철학전집
╳
셰익스피어 for 어른

WILLIAM SHAKESPEARE

5장

어른이라면 자신의 가치를
스스로 정해야 한다

44
William Shakespeare

왜 그대는
인생을 걸고 살지 않는가?

당신이 원하는 삶을 살고 싶다면
그에 맞는 행동력과 용기를 가져야 해요.
그렇게 사는 게 두렵다고 하면서
어찌 원하는 것을 가질 수 있을까요?
"하고 싶지만, 도저히 못 하겠어!"
평생 이런 변명을 하며
비겁하게 살 생각인가요?

인생을 걸고 살라. 이게 무슨 뜻일까? 그저 '치열하게' 살라는 말은 아니다. 인생을 걸고 살라는 건, 자신의 일을 선택해서 거기에 모든 것을 투자하라는 말이다. 왜 다른 사람이 시킨 일을 하느라 아까운 인생을 모두 허비하는가? 알고 있다. 생계를 위해서 일을 해야 하고, 딱히 좋아하는 일이 뭔지도 모르겠고, 남들처럼 사는 게 안전하다는 세상의 말이 틀린 것도 아니다. 그러나 내게 왜 고귀하기 이를 데 없는 이 생명이 주어졌겠는가. 생계를 걱정하며 살라고, 남들처럼만 살라고, 그 아름답고 귀한 심장과 두 눈이 주어졌을까? 그건 아닐 것이다.

생각만 해도 심장이 터질 듯이 뛰는 일을 하라고, 두 눈으로 자신이 성장하는 모습을 실컷 보고 마음에 담으라고 주어졌을 것이다. "하고 싶지만, 도저히 못 하겠어!"라는 세상에서 가장 미련한 말은 아예 삶에서 지워라. 도박을 하라는 게 아니다. 인생이라는 최고의 재산을 걸고 아낌없이 조금의 후회도 없이 투자할 가치가 있는 당신의 일을 시작해라. 그런 시작이라면 언제라도 늦지 않다. 사람은 자기 일을 할 때 비로소 다시 태어나는 거니까.

"사람은 두 번 태어난다.
부모의 사랑으로 한 번,
자신의 의지로
또 한 번 태어나 완벽해진다.
나는 내가 원하는
진짜 인생을 시작할 것이다."

45
William Shakespeare

50세 이후 읽고 필사하면
인생이 좀 더 선명해지는 글

서툰 추측을 남발하는
사람의 말은
듣지 않는 게 좋다.
흐릿한 관찰로 나온 생각은
걱정거리만 만들 뿐이다.

온갖 추측은 모두 위험하다. 제대로 조사해서 충분한 생각 끝에 나온 결론이 아니기 때문이다. 추측은 언제나 흐릿하고 분명하지 않다. 그래서 50세 이후에는 특히 추측보다는 깊은 생각과 관찰을 통해 자신만의 결론을 찾는 게 중요하다. 이에 셰익스피어는 자기 생각이나 판단은 없이 그저 실실 웃는 수준 낮은 사람들이 다음과 같은 악행을 자신도 모르게 저지르면서 산다고 말했다.

"자신에게 귀중한 인연을 마치 쥐를 죽이듯 두 조각을 낸다."

"불에 탈 때는 기름을, 추워서 죽을 것만 같을 때는 더 차가운 눈을 주며 주변을 힘들게 한다."

"바람처럼 시시각각 변하는 주인의 기분에 맞게 입을 놀리면서 마치 개처럼 오로지 명령을 들을 줄만 안다."

50세 이후에는 인생이 좀 더 선명해져야 한다. 그래야 자신의 가치를 점점 높일 수 있다. 세상과 타인이 내게 준 모든 추측은 서툴거나 위험하니, 언제나 스스로 생각해서 나온 판단으로 자신의 길을 설계하며 살아야 한다. 다음 6가지 글을 읽고 필사하다 보면 점점 그런 삶에 가까워지게 될 것이다.

1. 목표를 달성했다는 사실도 중요하지만,
   내가 성장했다는 사실은 더 중요하다.

2. 나는 내 기대에 부응하려고 태어났다.
   내가 무엇을 원하는지 매일 파악해야 한다.

3. 모든 고통과 슬픔은 사람을 변화시킨다.
   그러나 지적인 사람만이 고통과 슬픔을 지혜로 변주할 수 있다.

4. 누군가 내게 할 수 없다고 말한다면,
그건 그들의 기준이지 나의 기준은 아니다.

5. 원래 삶은 매우 단순하다.
내 삶을 복잡하게 만든 건 바로 나다.

6. 인생에서 가장 어두운 시기에도 멈추지 말고 걷자.
사람들은 나를 빛이라 생각할 것이다.

셰익스피어의 말처럼, 저 하늘이 의도하여 고난으로 날 시험하려고 내 일상에 온갖 종류의 아픔과 고통을 쏟아붓고, 내 인생을 송두리째 가난에 빠뜨려도 스스로 나아지려는 노력을 멈추지 않아야 한다.

"마지막 희망까지
포로로 넘겨줬다 하더라도,
나는 영혼 어디엔가 숨어 있는
한 줌의 인내심을 찾아내야 한다.
내 가치는 내가 증명해야 하니까."

46
William Shakespeare

나는 내 성장이
더딘 이유를 알고 있다

본능에만 충실하게 산다면,
그 목숨은 짐승 값과 다르지 않다.
지성인이라면 본능에서 벗어나야 한다.

성장하고자 하는 마음은 인간이 가진 본능과도 같다. 노력한 만큼, 독서한 만큼, 글을 쓴 만큼 성장하지 않으면 초조해져서 버티지를 못한다. 나만 느린 것 같아서 억울한 마음도 들고, 괜히 환경을 탓하게 되기도 한다. 하지만 나는 내 성장이 더딘 이유를 알고 있다. 7가지로 구분해서 설명하면 이렇다.

1. 가장 어려운 길을 선택했기 때문이다.

2. 나는 어려운 길의 가치를 믿는다.

3. 빠른 완성은 내가 원하는 게 아니다.

4. 어떤 운이나 기적도 바라지 않는다.

5. 겪어야 할 모든 고통을 다 통과할 것이다.

6. 나는 외로운 게 아니라 고독한 것이다.

7. 대박보다는 꼬박꼬박 조금씩 성장할 것이다.

나는 내 성장이 더딘 이유에 대해서 설명했지만, 7가지 이유를 읽으며 당신은 새로운 사실을 하나 더 깨닫게 되었을 것이다. 바로 이것. "아, 내 성장이 느렸던 것도 같은 이유 때문이었구나." 발걸음이 느린 이유는 그 길에 더 높은 가치가 있기 때문이다. 결코 내가 부족해서가 아니라는 사실을 알아야 한다.

사람이 되어야 한다. 셰익스피어는 짐승과 지성인의 차이란 본능에서 시작된다고 생각했다. 빠르게 성장하고 싶다는 본능과 더 많은 사랑을 받고 싶다는 본능은 때로 우리를 지성인이 아닌 짐승의 삶을 살게 만든다. 그래서 겉모습만 보며 사람을 판단하는 어리석은 사람들의 사랑을 받는 자는, 자신을 단순히 보기에만 좋아 보이도록 만든다. 그 안에는 어떤 사색이나 판단력도 없다. 그런 삶은 어른의 인생이 아니다.

자신의 가치를 믿고 기다려라. 나는 경험으로 알고 있다. 애쓰는 사람의 시간은 결코 가볍게 사라지지 않는다. 나는 느린 게 아니라, 제대로 가고 있는 것이다. 세상과 타인의 속도는 나의 비교 대상이 아니다. 나는 내가 선택한 어려운 길의 가치를 믿는다.

"이 길 위에서 애쓴 시간이
결코 쉽진 않았지만,
이 길의 끝에 농밀한 깨달음이
나를 기다리고 있다는 사실을
조금도 의심하지 않는다."

47
William Shakespeare

나보다 못한 사람과 비교하며 얻는 세상에서 가장 슬픈 위안

가난해도 현실에 만족하면
풍족하지 않아도 넉넉한 부자지만,
가난해지는 것을 늘 두려워하는 사람은
끝없이 늘어나는 재산을 갖고 있어도
늘 겨울처럼 가난한 법이다.

이 말을 읽고 오해를 하면 곤란하다. 셰익스피어의 조언은 가난해도 현실에 만족하면 마음의 부자가 될 수 있다는 1차원적인 말이 아니다. 핵심은 이것이다. 스스로 가난해지는 느낌이 견딜 수 없이 두려워서, 적당히 끌고 온 괜한 사람과의 비교를 통해 위안을 얻는 삶을 살지 말라는 것이다. 실제로 그의 말처럼 가난을 두렵게 생각하면, 자꾸 남과 비교하며 이렇게 생각하게 된다.

"그래도 저 사람보다는 내가 낫지."

"나보다 힘든 사람들 보면서 힘내자."

구체적으로 이렇게 말하지는 않지만, 자신도 모르게 이런 방식으로 힘든 시간을 위로하는 사람이 꽤 많다. 순간적으로는 조금 기분이 나아질 수도 있다.

물론 기분도 중요하다. 하지만 기분이 나아진다고 상황이 달라지는 건 아니다. 오히려 기분 전환을 위해 아까운 시간을 투자하느라, 정작 문제를 해결하는 데는 충분한 시간과 노력을 투자하지 못할 가능성만 높아진다. 인생은 현실이며, 내가 스스로 하나하나 나아지게 만들어야 한다. 또한, 이 분명한 사실을 가슴에 새겨야 한다. 남이 얼마나 힘들게 사는지 안다고 내 힘든 현실이 사라지는 건 아니다. 내 힘든 현실은 내가 스스로 나서서 해결해야 한다. 나보다 더 힘들게 사는 사람이 아무리 많다고 한들 내 힘든 현실이 좋아지는 건 아니다. 그렇게 현실을 대하는 인식을 바꿔야 하루하루 자신의 가치를 높일 수 있다.

"고통과 슬픔에 직면했을 땐
철저히 나 자신만 생각하며
쌓인 문제를 해결해야 한다.
나만이 나를 나아지게 할 수 있다."

48
William Shakespeare

세상이 주는 명성보다
더 귀한 가치를 내게 주는 법

명성이란 어리석고 헛된 짐이고
운이 좋아서 얻었다가도
아무런 이유 없이 잃게 되는 것이다.
스스로 잃었다고 생각하지 않는다면,
당신은 자신의 명성을 잃은 게 아니다.

무언가를 선택할 때, 사람 마음은 크게 2가지로 나뉜다.

1. 희망을 품고 꿈을 그리며 미소로 선택함
2. 두려움 앞에서 억지로 화를 내며 선택함

희망을 품고 선택하는 사람과 두려움에 억지로 선택하는 사람,

당신은 어떤 생각이 드는가? 과연 이 두 사람이 같은 인생을 살 수 있을까? 같은 노력을 한다고 결과까지 같을 수 있을까? 미안하지만 그럴 수 없다고 단언할 수밖에 없다. 희망으로 한 선택은 진정한 나의 선택이지만, 두려움으로 한 선택은 결국은 그 두려움을 준 상대의 선택이기 때문이다. 그래서 후자에 쏟은 노력은 모두 그 두려움을 준 상대에게로 가고 만다. 내가 보낸 시간이 내 가치를 높이는 목적으로 전혀 쓰이지 않는다는 말이다.

셰익스피어는 '명성'이라는 키워드를 통해서 자기 자신의 삶을 사는 게 얼마나 중요한지 알려줬다. 명성이란 결국 수많은 남이 주는 선물이다. 그러나 세상을 보라. 대중은 누군가에게 명성을 주는 것도 좋아하지만, 반대로 줬다가 냉정하게 빼앗는 건 더 좋아한다. 이런 혼란스러운 세상에서 중심을 잡으려면, "주면 좋지만, 안 줘도 좋다."라는 마인드를 갖고 살아야 한다. 그런 자신감을 가지기 위해 반드시 필요한 게 바로, 자기 자신의 기대에 부응하며 살았던 세월이다. 그러므로 이 사실을 아주 오래오래 가슴에 새겨두라. 나는 누군가의 기대에 부응하려고 태어난 것이 아니다. 선택도 마찬가지여야 한다. 타인의 기대에 부응하려고 한 선택은 반드시 부정적인 결말을 만나게 된다. 시작과 과정이 아름답지 않기에 결과 역시 아름다울 수 없다. 그리고 나도 타인의 기대에 부응하려고 태어난 것이 아니지만, 반대로 타인도 나의 기대에 부응하려고 태어난 것이 아니라는 사실 역시 명심해야 한다. 그렇게 생각하면 서로 다툴 이유도 비난할 이유도 전혀 없다. 내 가치도 그의 가치도 모두 달라서 소중한 것이다.

"우리는 모두 각자의 삶을 살고 있으며,
그건 자신의 기대에 부응하며
살아야 한다는 사실을 의미한다.
나는 오늘도 내 기대에 부응하려고
하루를 멋지게 시작했다."

49
William Shakespeare

만 원짜리 식빵에
고개를 숙이며

사는 게 힘들수록,
사는 게 우습게 느껴진다.
분수를 모르는 술잔은
모두 저주받은 것이고
그 내용물은 악마다.

마음 깊이 새기며 사색해야 할 문장이다. 사는 게 힘들수록 사는 게 우습게 느껴진다는 말은 무엇을 의미하는 걸까? 늘 그렇지만 쉽게 이해가 되지 않을 때는 뒤에서부터 읽어보면 이해가 쉽다. 사는 걸 우습게 느끼는 사람들의 삶은 자꾸만 힘들어진다는 말이다. 어떤 분야든 거기에서 이름을 남긴 사람들은 입을 모아 "사는 건 정말 쉽지 않아요."라고 말한다. 스스로 자신의 수준을 높이면 높일수록 더 높은 곳이 보여서, 새롭게 어떤 사실을 깨달으면 깨달을수록 더 모르는 것들이 많아져서, 그들은 언제나 자신에게 주어진 삶이 너무나 어렵다고 생각한다. 그렇다. 깨우친 어른일수록 삶을 더 어렵게 느끼게 되며, 그래서 더욱 분투하게 되니 그 안에서 성장과 가치 창조를 거듭하게 된다.

내가 사는 동네에 식빵 한 덩이를 무려 만 원에 파는 빵집이 있는데, 늘 "너무 비싼 게 아닐까?"라고 생각하며 사서 맛볼 엄두를 내지 못하고 있었다. 나로서는 식빵은 4천 원이 넘어가면 비싸다는 생각이 있었기 때문이다. 어떻게 생각해 보면 그 가격은 내가 받아들일 수 있는 한계라고 볼 수 있었다. 그런데 그 비싼 식빵이 늘 마감 시간 이전에 품절이 되었으며, 심지어 비싸다는 리뷰도 없어서 늘 놀랍게 생각하다가, 하루는 큰맘을 먹고 사서 한 입 베어 물었다. 그 순간 내 생각은 바로 이렇게 바뀌었다.

"오히려 만 원이 싸게 느껴지네. 이 정도면 다른 가공의 도움이 전혀 없어도 이것 자체로 요리라는 말을 들을 만한 빵이네."

식빵을 입에 넣자마자 이걸 만든 사람의 인생이 느껴졌다. 아, 얼마나 많은 시도와 실패가 있었을까. 그 과정에서 아마 수없이 사는 게 정말 쉽지 않다는 생각을 하며, 힘들지만 다시 한번 더 시도해서 기어이 원하는 결과를 손에 쥐었을 것이다. 이 식빵은 한 덩이를 열 조각으로 잘라 팔고 있었으니 한 조각에 천 원이라는 말인데, 이 정도의 수준이라면 과하지 않다는 생각을 하며 역시 '서툰 짐작'을 하기보다는 실제로 경험해야 '확신의 세계'로 갈 수 있다는 사실을 깨달았다. 또한, 앞으로 이 빵집에서 많은 것을 배울 수 있을 거라는 생각에 혼자 많이 기뻤다. 배우려고 하면 세상 모든 곳이 나를 위한 최고의 학교다.

"세상에는 그저 흔한 빵이 아닌,
예술 작품을 만드는 사람들이 있다.
생각을 바꾸면 멋진 사람이 참 많다.
다만 짐작이 아닌 다가가려는 노력을 해야
그 멋진 사람들을 만날 수 있다."

50
William Shakespeare

좋은 거절도
체력이 남아 있어야 가능하다

인간의 본성이 아무리 위대해도
저급한 공간에 머물면
저급한 것들과 싸우게 된다.
사소하다고 생각한
손가락 하나에 통증이 와도,
그것으로 인해서 다른 건강한 부위까지
아픈 것처럼 느끼게 되는 것과 같다.

"기품 있는 태도로 다정하게 거절할 수 없을까?"

많은 사람이 어른의 풍모를 가지려면 어떤 거절도 나쁘지 않게, 그래서 상대가 좋은 기분으로 돌아설 수 있게 해야 한다고 생각한다. 나 역시 그랬다. 그래서 상대가 보낸 메일도 최소 5번 이상 읽고, 깊은 사색을 통해서 나온 결론을 최대한 선명한 언어로 써서 거절 메일을 보냈다. 어떤 종류의 DM이나 메시지 역시 마찬가지다.

하지만 그러던 내게 최근에 큰 위기가 찾아왔다. 이를테면 과거에 매주 오던 각종 제안이 10개였다면, 이제는 10배 이상이 늘어나서 100개 이상의 제안이 오게 되었기 때문이다. 매주 최소 100통 이상의 답신을 보내야 하는 상황이 된 것이다. 양이 10배로 늘어나면서부터 이제 나는 글을 쓰고 사색하는 시간보다, 거절 메일과 DM을 보내는 데 더 많은 시간을 투자해야 할 정도로 일상이 바뀌었다.

그때 셰익스피어의 저 말을 떠올렸다. "저급한 공간에 머물면 저급한 것들과 싸우게 된다." 내게 좋은 제안을 하는 그들이 저급하다는 것이 아니다. 반대로 그 모든 제안에 하나하나 최대한 다정하고 예쁜 글로 답신을 하면서 속으로는 끝없는 고통을 느끼는 이중적인 나를 반성하며 스스로를 저급하다고 생각한 것이다. 실제로 나는 당시 불안과 슬픔 등 매우 저급한 감정을 느끼고 있었으며, 셰익스피어의 말처럼 손가락 하나만 아픈 게 아니라 몸의 거의 모든 부분이 아파서 견디기 힘들었다. 내게 좋은 제안을 해온 모든 사람들에게 따스한 말을 들려주는 건 어른답고 올바른 선택이 아니었다. 그건 그저 내 오만이자 욕심이었다. 그런 우아한 거절은 내가 스스로 감당할 수 있는 마음의 체력 안에서나 가능한 일이기 때문이다.

앞서 다른 챕터에서 언급한 것처럼 나는 모든 사람에게 좋은 사람이 될 수 없다. 거절할 사람에게는 냉정하게 거절할 수 있어야 한다. 그렇게 용기를 내서 내가 감당할 수 없는 배려나 친절을 연기하지 않겠다고 결정하자, 내 마음을 답답하게 만들었던 힘든 감정이 조금씩 사라지기 시작했다. 모든 사람에게 다 다정할 수는 없다. 어른의 풍모를 가지려면 선택을 해야 한다. 감정도 하나의 공간이다. 어른이라면 반드시 내가 할 수 있는 것과 할 수 없는 것을 구분할 수 있어야 한다. 나 자신을 아프게 하면서까지 타인에게 배려나 친절을 베풀 수는 없다.

"모든 사람에게 다 친절할 수는 없다.
최선을 다해 좋은 마음을 전하려면,
그렇게 할 수 없는 사람은 제외해야 한다.
미움받을 용기를 내야 소중한 사람에게
더 많은 시간과 마음을 전할 수 있다."

51
William Shakespeare

지나친 믿음은
오히려 무능력의 증거다

지나친 믿음보다는
지나친 두려움이 안전하다.
위험하다고 스스로 생각하니
원인을 없애기 위해서
전력을 다해 궁리하기 때문이다.

"널 끝까지 믿었는데 실망이야."

"나한테 어떻게 이럴 수 있어, 네 말만 믿었는데."

시를 읽듯, 향이 좋은 커피를 음미하듯, 이 두 술의 의미를 차분히 해석해 보라. 감성의 시선으로 접근하면 믿는 사람에게 실망을 준 사람이 나쁜 사람이라는 글로 읽히지만, 이성의 눈으로 접근하면 다른 지점이 보인다. 사기꾼이 아닌 이상 누구도 자신을 믿으라고 강요하지는 않기 때문이다. 모든 믿음은 언제나 스스로의 선택으로 이루어진다. 이 점이 매우 중요하다. 셰익스피어가 살았던 시절에도 마찬가지였다. 지나친 믿음은 오히려 지나친 두려움보다 위험하다. 두 번 세 번 생각하며 그렇게 될 수밖에 없는 분명한 이유를 찾아낸 사람은 믿음보다는 확신을 선택한다. 그러나 얕은 생각과 게으른 태도를 가진 사람들은 때로 확신의 과정이 너무 힘들고 고통스러워서 마치 피난처를 찾듯 믿기로 작정한다.

진정한 어른이 되고 싶다면 서툰 믿음의 굴레에서 벗어나야 한다. 아직 제대로 풀지 못한 문제가 있다면 해결하려고 좀 더 노력을 해야지, 그것으로부터 벗어나려고 피난처처럼 믿음을 선택해서는 곤란하다. 물론 믿음은 아름다운 가치다. 다만 순서가 중요하다. 확신할 정도로 분명하지 않아서 피난처처럼 선택한 믿음이 아닌, 분명히 확신한 후 선택한 믿음이 아름다운 것이다.

"믿었는데 실망이야."라는 말은 세상에서 가장 어리석은 말이다. 그것이 분명한 믿음이었다면, 상대에게 실망할 게 아니라 믿음을 선택한 자신에게 실망해야 한다. 실망이라는 감정이 다른 사람을 향하고 있다면, 그건 온전한 믿음이 아니었음을 증명한다.

"서툰 믿음은 서로를 망친다.
나는 위험하다고 생각하는
모든 문제를 스스로 해결하며
스스로에 대한 믿음을 키울 것이다.
나 자신을 믿어야 다른 누군가도
진심으로 믿을 수 있다."

52
William Shakespeare

대화가 끊길 때
어색한 침묵을 깨지 않아도 된다

산은 올라가는 사람에게만
자신을 허락한다.
험난한 산을 오르려면
처음에는 천천히 걸어야 한다.

"어쩌지? 정적이 너무 싫은데."
"내가 뭐라도 말을 해야 하는 거 아닌가?"

대화하던 도중에 말이 끊기면 누구라도 이런 생각을 하게 된다. 사실 이건 상대가 아무리 친해도 크게 다르지 않다. 친하다고 정적이 편안해지진 않는다. 혼자 있는 게 아니라면, 대화가 끊긴 거의 모든 순간은 고통으로 다가온다. 하지만 그 고통스러운 정적의 시간이 견딜 수 없어서 꺼낸 말은 결국 다시 우리를 힘들게 만든다. 가치 없는 말이나 굳이 할 필요가 없는 말이 나올 가능성이 크기 때문이다. 또한, 그렇게 순간순간 자신과 상대방의 감정에 신경을 쓰니 누군가를 만나고 돌아오는 길에 극심한 피로에 지칠 수밖에 없다. 그래서 많은 사람들이 집에서 혼자 있는 시간을 가장 좋아하며 스스로를 '집순이' 혹은 '집돌이'라고 부르곤 한다.

하지만 셰익스피어는 대화를 산으로 비유하며 서두르지 말라고 조언한다. 괜한 말로 스스로 자신의 가치를 깎지 마라. 그의 말처럼 정상에 올라가야 한다는 생각을 하면 서두르게 되므로, 처음에는 의식적으로 천천히 걷듯 차분하게 다가가야 한다. 대화 중간에 찾아오는 정적의 순간에 우리가 민감하게 반응해서 어떤 말이라도 꺼내는 것 역시, 너무 서둘러 정상에 도착하려는 마음 때문이다. 오늘 도착하지 않아도 괜찮고, 잠시 오해가 생겨도 괜찮다. 타인이라는 험난한 산을 오르려면 그 정도의 시간과 고통 정도는 감수하겠다는 의지가 있어야 한다.

"너무 서두르면 초조해진다.
정적을 견디지 못하고 나오는 말은
초조함의 증거라고 볼 수 있다.
타인이라는 험난한 산을 오르려면
차분함과 인내가 필요하다.
서두르지 말자, 결국 도착할 테니까."

53
William Shakespeare

자신의 일을 하는 사람이 가장 존경스럽다

학생으로 계속 남아 있어야 한다.
배움을 포기하는 순간
우리는 무섭게 늙기 시작한다.

무엇이 존경스러운 삶일까? 그와는 반대의 삶을 상상해 보면 존경스러운 삶이란 무엇인지 저절로 알 수 있다. 존경할 수 없는 삶은 자신의 과거에 빠진 삶이다. 셰익스피어 역시 과거를 자랑하지 말라고 강조하며, 가진 게 과거의 이야기뿐인 인생처럼 처량한 인생도 없다고 말한다. 가치 있는 삶을 사는 지혜는 지금 가지고 있는 것을 즐기는 것인데, 과거를 자랑하는 사람들은 그런 지혜가 자신에게 없음을 스스로 고백하는 것이다. 그렇지만 여전히 세상에는 자신의 과거를 자랑하는 사람들이 가득하다. 안타깝게도 그런 행동이 자신의 수준을 낮춘다는 사실을 알아차릴 지혜조차 없기 때문이다.

나이 들수록 자신의 가치를 확장하는 아름다운 하루를 살고 싶다면, 주변에 있는 아름다움을 발견하고 배워야 한다. 그게 바로 셰익스피어가 말한, 영원히 늙지 않는 학생으로 사는 방법이다. 오늘 내게 주어진 일을 열심히 하면서 동시에 음악을 사랑하고 책을 즐기는 것도 좋은 방법이다. 그리고 자연의 아름다움을 만끽하는 것도 절대로 놓치지 말자. 언제나 과거가 아닌 현재를 바라봐야 한다. 그래야 일상에서 배움을 멈추지 않는 농밀한 하루를 보낼 수 있다. 지금부터 나 자신을 존경하는 삶을 살겠다고 다짐해 보자. 스스로를 존경할 수 있는 삶, 얼마나 아름다운가.

"세상에서 가장 가엾은 장면은
늙어가는 나를 바라보며 불평하는 것이다.
나는 그저 매일 나의 일을 하며 세상의 아름다움을 만끽하며 산다.
그것보다 존경스러운 하루는 없다."

김종원의 세계철학전집
×
셰익스피어 for 어른

WILLIAM SHAKESPEARE

6장

어른은
단어를 골라서 사용하는 사람이다

54
William Shakespeare

더 높은 수준의 생각과
창조를 위한 필사의 나날

인간은 자신이 스스로
생각하는 대로 이루어진다.
모든 성공은 자신의 능력을
굳게 믿는 것에서 시작된다.

거의 모든 철학자가 이와 같은 뉘앙스의 말을 한다. 나는 내가 생각하는 만큼 이룰 수 있으며, 자신의 능력을 믿는 마음이 성공의 시작이라는 것이다. 셰익스피어 역시 다르지 않았다. 이 쉬운 걸 우리는 왜 현실에 적용하지 못하는 걸까? 이유는 간단하다. 생각보다 어렵기 때문이다. 그냥 듣거나 읽을 때는 쉽지만, 이걸 일상에서 적용하는 건 완전히 다른 문제다. 여러분은 혹시 이런 생각을 해본 적이 있나?

"이 서비스는 좀 심하게 비싼데?"

"이렇게 비싼 요리를 누가 먹겠어?"

과연 이게 맞는 생각일까? 그렇지 않다. 어떤 서비스나 상품이 내게 유독 비싸게 느껴진다면, 내가 그 서비스나 상품의 타깃이 아니라는 증거라고 볼 수 있다. 세상에는 분명 그 돈을 내고 그 서비스와 상품을 즐기는 사람들이 매우 많이 존재하기 때문이다. 내가 아니라고 모두가 아닌 건 아니다. 마찬가지로 품격 있는 사람들의 언어가 내게 익숙하게 느껴지지 않는다면, 그들의 언어가 이상한 게 아니라 내 수준이 거기에 도달하지 못했다는 증거다. 내 언어의 한계가 내 삶의 한계를 결정하듯, 수준 이상의 것들은 볼 수도 이해할 수도 없다. 이게 바로 일상에서 생각의 수준을 끌어올리는 게 어려운 이유다. 끊임없이 자신의 수준을 높이는 사람들은 단어 하나도 고심해 골라서 사용한다. 쉽진 않지만 그게 가치 있다는 사실을 알고 있어서 기꺼이 그 고심을 즐긴다.

잘 생각해 보라. 우리는 모두 생각하는 대로 살게 된다는 것을 알고 있지만, 평소의 생각 수준에서 벗어날 수 없기 때문에 다른 세계를 내 안에 담거나 펼칠 수가 없다. 그게 바로 내가 필사를 강조하는 이유다. 자신이 가진 언어 수준을 높일 수 있는 가장 간단하면서도 확실한 방법이 매일 반복하는 필사다. 필사를 통해서 우리는 의식적으로 좀 더 나은 수준의 생각과 언어를 반복해서 접할 수 있고 내면에 각인할 수도 있다. 중간에 포기하지 말고 끝까지만 가보라. 원하는 모든 것을 내면에 담을 수 있게 될 것이다.

"나는 내 안에 없는 것을 볼 수도
상상할 수도 없어서 필사를 한다.
더 높은 수준의 생각과 창조를 위해서
필사하는 귀중한 나날을
죽을 때까지 멈추지 않을 것이다."

55
William Shakespeare

와인 추천 멘트만 봐도 수준을 알 수 있다

단언으로 증명할 수 있는 건 없다.
분명한 증거가 없이
부실한 내용과
진부한 추측에 근거를 둔다면
아무것도 증명할 수 없다.

아래는 같은 와인을 마신 사람들의 각기 다른 추천 멘트다. 차분하게 읽어보며 어떤 마음이 느껴지는지 내면의 흐름을 살펴보자.

"이건 저렴한 와인 마시는 사람에게 좋아."
"가성비에 예민한 사람들에게 좋겠네."
"묵직한 맛을 좋아한다면 이 와인을 추천해."

"와인을 매일 즐기는 사람에게 딱 맞아."

"좀 싼 와인을 찾는 사람에게 이거 추천해."

"고기랑 가볍게 먹을 와인을 찾는다면 이것."

"이제 와인을 시작한 초보자에게 좋겠다."

7가지 멘트는 표현도 제각각이지만 삶을 대하는 제각각의 태도도 담겨 있다. 분명한 근거 없이 단언하거나 특정 집단의 수준을 낮잡아 본 말이 있고, 반대로 분명한 기준을 갖고 말하거나 같은 의미라도 좀 더 품격 있게 표현한 말도 있다. 같은 와인을 마셔도 이렇게 추천 멘트를 다르게 표현할 수 있다. 중요한 사실은 앞에 설명한 것처럼, 각각의 멘트가 자신의 언어 수준을 보여주고 있다는 것이다. 우리는 모두 자신의 지적 수준에 맞는 말만 하거나 글로 쓸 수 있다. 유유상종이라는 현상이 일어나는 이유는, 같은 수준의 사람들은 글과 말로 서로를 서로에게 초대하기 때문이다.

"이건 이거지!"

"설명이 필요 없어!"

이렇게 무언가를 쉽게 단언하는 사람들이 있다. 셰익스피어가 강조한 것처럼 단언은 위험하다. 자기 수준이 낮다는 걸 세상에 외치는 것과 같으며, 분명한 증거가 없거나 내용이 부실할 때 자주 꺼내는 카드이기 때문이다. 알아듣기 쉽게 설명하고 표현할 수 있는 사람들은 단언하지 않는다. 설명 그 자체가 이미 가장 진실한 단언이기 때문이다.

위에 소개한 7가지 멘트를 필사하며 어떤 멘트가 가장 수준 높은 것인지 생각해 보라. 처음에는 '그게 그거네.'라고 생각할지 모르지만 점점 그 차이가 보일 것이다. 추가로, "나라면 이 상황에서 어떤 방식으로 말했을까?"라는 질문을 스스로에게 던지며 더 나은 방법도 찾아보라. 이렇게 끊임없이 스스로에게 기회를 줘야 나아질 수 있다. 언제나 스스로 깨달은 것만이 자신을 발전시킬 수 있다는 사실을 잊지 말자.

"나는 뭐든 단언하지 않고 설명한다.
증거가 나올 때까지 사색하며 찾고,
찾아낸 것을 진실한 언어로
표현할 수 있어야,
나의 수준을 높일 수 있다."

56
William Shakespeare

어른의 말은 조용하고 차분하다

너무 서두르는 눈빛은
스스로 자신이 곧
궤변을 말할 것임을 보여준다.

"어쩌면 저렇게 차분하고 기품 있게 말할 수 있지?"

말하는 것만 봐도 저절로 기품이 느껴지는 사람이 있다. 그런 사람이 바로 셰익스피어가 말하는 어른이다. 그는 어른의 말에는 궤변이 없다고 말한다. 그렇다면 궤변은 왜, 어떨 때 나오는 걸까? 궤변이 튀어나오는 때를 크게 5가지로 구분할 수 있다.

1. 스스로 무엇을 말하는지 자기 자신조차 모를 때

2. 원하는 것만 너무 심하게 생각할 때

3. 어색한 침묵의 시간을 견디지 못할 때

4. 빠르게 결과를 만들고 싶을 때

5. 지적으로 미성숙한 상태일 때

무엇 하나 좋은 게 없는 경우들이다. 일단 어른의 말은 서두름이 없어야 한다. 지적으로 충만한 어른의 말은 언제나 조용하고 차분하다. 듣기만 해도 저절로 미소가 지어지며, 말하는 사람이 밝게 잘 자란 단단한 내면의 소유자라는 사실이 느껴진다. 그렇게 말하기 위해서는 무엇을 해야 하는 걸까?

이에 셰익스피어는 어린이를 가르치는 사람처럼 말해야 한다고 조언한다. 지혜롭게 어린이를 가르치는 사람들은 차분하고 부드러운 언어로 아이의 마음을 움직일 수 있다. 그 언어 속에는 아이를 향한 사랑과 그 사랑을 표현할 수 있는 어른의 지성까지 모두 녹아 있다. 상대방을 대할 때 늘 아이를 대하듯 다가가면 이전보다 좀 더 부드러운 언어로 대화를 나눌 수 있게 된다. 이 과정을 셰익스피어는 이렇게 압축해서 설명한다. "내게 조언을 하는 사람들이 아이들을 가르치듯 부드러운 방식으로 말하면 얼마나 좋을까. 조언을 듣는 데는 난 아직 어린아이니까." 참 아름다운 말이다. 그의 말처럼 조금도 서두르지 않고 어린아이에게 하듯 부드럽게 말한다면, 듣는 쪽도 조언을 기분 나쁘지 않게 들을 수 있을 것이다.

"말은 길어지면 길어질수록 그 의미를 잃고
소리가 커질수록 가치를 잃게 된다.
늘 아이에게 설명하듯 차분하게
그리고 부드럽게 말해야
어른의 말을 건넬 수 있다."

57
William Shakespeare

만날 약속은 귀찮아해도
일단 만나면 즐겁게 노는 사람

강력한 이유는
강력한 행동을 낳는다.

"아, 나가기 귀찮은데."

말은 이렇게 하지만 일단 나가면 누구보다 즐겁게 노는 사람들이 있다. 의외로 이런 사람들이 생각보다 더 많다. 이유가 뭘까? 왜 일단 나가면 생각했던 것 이상으로 즐겁게 노는 걸까? 셰익스피어의 "강력한 이유가 강력한 행동을 낳는다."라는 말을 통해 살펴보자. 이유를 찾지 못했을 때는 모든 것이 귀찮았지만, 일단 만나기로 약속한 장소로 나간 이상 즐겁게 시간을 보내야 한다는 이유가 생겼기 때문에 상황이 달라진 것이다.

이처럼 강력한 이유가 강력한 행동을 낳고, 강력한 행동은 강력한 삶의 철학을 만든다. 그래서 자기 삶의 철학이 있는 어른들에게는 이런 특별한 공통점이 하나 있다.

왜 이 행동을 해야 하는지
가장 적합한 단어와 표현으로
자신에게 설명할 수 있는 능력

행동과 실천이 중요하다는 것을 모르는 사람은 없다. 또한, 자기 삶의 철학이 있어야 진짜 어른의 인생을 살 수 있다는 사실도 모두 알고 있다. 하지만 그런 삶이 모두에게 허락되지 않는 이유는, 왜 행동해야 하는지 스스로에게 설명할 수 있는 능력을 갖추기 어렵기 때문이다. 가장 적합한 단어의 조합으로 스스로에게 이유를 설명하지 못하면 행동의 쓸모와 가치를 전혀 발견하지 못해서 모든 것이 귀찮게 느껴진다.

간혹 보면 실패가 오히려 불가능한 것처럼 자신 있게 행동하는 사람이 있다. 그들은 무모한 걸까? 오히려 그 반대다. 이유와 행동, 그리고 삶의 철학으로 연결되는 이 고리에 대한 이해도가 낮은 사람은 그들이 무모하게 보이겠지만, 이게 무엇인지 아는 사람들은 그들을 보며 이렇게 생각한다.

"그는 이 도전에 성공할 수밖에 없는 이유를 찾아서 자신에게 선명한 언어로 설명하고 있다."

사람은 누구나 자기 수준만큼만 세상을 볼 수 있다. 무모하게 보이는 사람이 있다면, 혹은 도저히 이해할 수 없는 사람이나 풍경이 있다면, 내 지성이 딱 그 수준이라는 사실을 자각해야 한다. 중요한 건 자각이다. 나 자신이 어느 수준인지 알아야 왜 나아져야 하는지 알 수 있고, 어떻게 해야 나아질 수 있는지도 알 수 있기 때문이다.

"자기 삶의 철학을 세우려면
내가 왜 이 행동을 해야 하는지
강력한 이유를 설명할 수 있어야 한다.
나는 스스로에게 설명할 수 있는 것만
강력한 의지로 실천할 수 있다."

58
William Shakespeare

나이 들수록
SNS에서는 댓글을 가려 써라

충고는 부탁을 받았을 때만 하는 것이다.
굳이 충고를 하려고 하면,
그저 늙은이의 잔소리로만 들을 뿐이다.

"이 사람은 대체 왜 이런 댓글을 나한테 남긴 거지?"

SNS에는 참 다양한 사람들이 있다. 굳이 자신의 시간을 투자해서 왜 이런 기분 나쁜 댓글을 남기는지 도저히 이해가 되지 않을 때도 있다. 그래서 SNS를 사용할 때 가장 명심할 것이 타인이 남긴 댓글 하나하나에 굳이 연연할 필요가 없다는 사실이다. 하지만 약간 혼란스러운 댓글을 만날 때가 있다. 분명 좋은 말을 하는 것 같은데 이상하게 읽으면 기분이 나빠지는 경우다. 대표적으로는 다음과 같은 뉘앙스의 댓글이 있으니, 이런 댓글을 만나면 신경 쓰지 말고 넘어가라. 만약 지금 이 글을 읽는 당신이 자신이 쓴 댓글이 그렇게 읽히는지 모른 채 유사한 방식의 댓글을 남기고 있다면 앞으로 쓰지 않도록 주의할 필요가 있다.

1. 그것도 좋지만 현실에서는 좀 맞지 않죠.
2. 이렇게 하는 게 좀 더 낫지 않을까요.
3. 60% 정도는 맞지만 40% 정도는 수정해야겠어요.
4. 이건 이렇게 바꾸세요.
5. 이 부분은 이렇게 고쳐야겠네요.

어떤가? 직접 읽어보면 언제나 좀 더 생생하게 느낄 수 있다. 상대가 부탁한 것도 아닌데 굳이 이런 조언을 가장한 분풀이 정도의 댓글을 남길 필요가 있을까? 게다가 셰익스피어의 말처럼 충고는 부탁을 받았을 때만 하는 것이다. 그렇지 않은 경우인데도 굳이 충고를 한다는 건, 나는 참견하고 싶은 마음을 참지 못할 정도로 내면의 힘이 약한 사람이라는 고백일 뿐이다.

"내면에 좋은 단어만 가득 담고 살자.

단단한 내면의 소유자는 언제나

댓글 하나를 남기더라도 좀 더 예쁘게

다정한 마음을 남겨서

읽는 사람까지 행복하게 해주니까."

59
William Shakespeare

싸우는 부부가 아이의 삶에
안 좋은 영향을 주는 이유

어리석은 자는 자신이
현명하다고 생각하고,
현명한 자는 자신이
어리석은 사람이라고 생각한다.

일상에서 부부가 싸우는 모습을 보며 그 부부의 아이는 수많은 것을 배운다. 크게 5가지로 정리하면 이렇다.

1. 같은 말도 못되게 하는 방법
2. 사소한 일도 크게 확대해서 시비 걸기
3. 장점이 아닌 단점만 보고 비난하기

4. 절대로 감사할 줄 모르는 나쁜 마음

5. 모든 것을 부정적으로 해석하기

게다가 아이는 이것보다 더 나쁜 것을 배울 수 있다. 그건 바로 엄마, 아빠의 무관심과 괴롭힘이다. 이유가 뭘까? 싸우는 것도 아이에게 충분히 나쁜 영향을 미치지만, 정말로 중요한 사실은 부부가 서로 싸우는 과정에서 모든 에너지를 다 소모하기 때문에 정작 아이를 대하는 것을 귀찮아하게 된다는 것이다. 평소에는 웃으며 넘어갈 일도 너무 지쳐서 필요 이상으로 혼내고, 두 번 세 번 설명해야 할 일도 귀찮아서 "혼자서 알아서 해!"라고 말한 후 돌아선다. 충분한 사랑을 받아야 할 아이 입장에서는 그 냉혹한 현실이 얼마나 지옥 같을까.

여기에서 셰익스피어의 조언을 한번 생각해 봐야 한다. 왜 어리석은 자는 스스로 자신이 현명하다고 착각하는 걸까? 이유는 간단하다. 자신에게 보이는 세상이 전부라고 착각하기 때문이다. 그래서 그들은 늘 자신이 해야 할 일을 다했다고 한 번 더 착각한다. 하지만 진짜 현명한 자는 늘 자신이 어리석다고 생각한다. 자기 눈에 보이지 않는 세상이 존재한다는 사실을 알기 때문이다. 그래서 그들은 늘 자신이 더 배워야 한다고 생각해서 이해를 구하고 마음을 쓰면서 좀 더 다가간다. 엄마, 아빠가 이 원리를 알게 되면 싸움을 최소한으로 줄일 수 있다. 스스로 부족함을 인정해야 이해하려고 노력할 수 있고, 그런 과정을 경험해야 현명한 어른으로 성장할 수 있어서 아이도 밝고 지혜롭게 잘 기를 수 있다. 이건 비단 아이와 부모 관계에서만 일어나는 일은 아니니 모든 관계에서 적용한다면 좀 더 선명한 어른의 풍모를 갖게 될 것이다.

"나는 모르는 게 많다는 생각이
현명한 삶의 시작이다.
좀 더 이해할 수 있게
좀 더 사랑할 수 있게
내 몸과 마음을 이끌기 때문이다."

60
William Shakespeare

50대 이후에는 반드시
글을 써야 하는 이유

젊은 사람들과 경쟁하지 마라.
그들의 성장과 결과를 인정하고
용기를 주며 그 순간을 즐겨라.

나이가 들면 불현듯 깜짝 놀라게 되는 일이 하나 생긴다. 그건 바로 유난히 말이 많아진다는 사실이다. 이전까지는 말이 별로 없던 사람들도 이상하게 나이 들수록 자신도 모르게 점점 말이 많아지는 것을 발견하게 된다. 이유는 간단하다. 흐르는 세월만큼 다양한 경험이 쌓여서다. 말이 많다는 건 결코 나쁜 게 아니다. 젊은 사람들은 짐작도 할 수 없는 다채로운 경험이 내면에 쌓였다는 증거이기 때문이다. 그렇더라도 나오는 대로 다 말로 표현하는 건 좋지 않다. 대부분의 젊은 사람들에게는 그저 듣기 싫은 잔소리로만 다가올 뿐이니 말이다.

   그게 바로 50세 이후에는 반드시 글을 써야 하는 이유다. 셰익스피어가 스스로의 삶으로 보여준 것처럼, 젊은 사람들과 경쟁하려는 마음은 어리석다. 그들의 성장과 결과를 인정하고 용기를 주며 그 순간을 즐겨야 하는데, 그 인내와 지혜의 과정이 바로 글쓰기를 통해서 이루어진다. 내가 겪은 이야기와 경험을 통해서 얻은 교훈을 말로 들려주면 잔소리이지만, 글로 써서 보여주면 아름다운 격려의 메시지로 바뀐다. 말은 듣지 않을 수가 없지만 글은 스스로 필요한 사람만 선택해서 읽을 수 있으니 오히려 생산적이라 자신의 경험을 가장 멋지게 활용할 수 있는 방법이라고 볼 수 있다.

"매일 말로 하고 싶은 이야기를

차분히 글로 써서 붙잡아 두자.

내 경험과 이야기가 필요한 젊은이들이

그 글을 읽고 성장할 수 있도록.

글이 될 수 있는 삶을 산다는 것이

얼마나 아름다운 일인지

내가 직접 삶으로 알려주자."

61
William Shakespeare

사명감을 가진 사람이
더 강력한 인생을 사는 이유

이제 나의 때가 다가오고 있다.
불확실한 희망은
추측으로도 가능하지만,
확실한 결말은
싸워야만 알 수 있다.

"아, 나의 때는 대체 언제 오는 걸까!"

누구나 살다 보면 풀리지 않는 막막한 현실의 문제로 고민하게 된다. 그럴 때 가장 자주 듣는 격려의 메시지는 바로 "해 뜨기 전이 가장 어둡다."라는 말이다. 어둠이 사라지고 곧 당신의 인생에도 밝은 해가 뜰 거라는 말이다. 물론 아름다운 말이다. 하지만 안타깝게도 모두에게 적용 가능한 말은 아니다. 어둠이 사라졌지만 먹구름이 가득해서 해가 나오지 않을 수도 있고, 겨우겨우 뜬 해가 나를 비추지 않을 수도 있다. 인생은 결코 단정하거나 짐작할 수 있는 것이 아니기 때문이다. 이렇게 짐작할 수 없는 주변 상황에 흔들리지 않는 어른이 되기 위해서 필요한 게 하나 있다. 바로 무엇이든 치열하게 싸워서 반드시 쟁취하겠다는 '사명감'이다.

셰익스피어의 말처럼 불확실한 희망을 품는 것은 추측으로도 가능하지만, 확실한 결말은 싸워야만 알 수 있다. 사명감이라는 단어의 가치와 필요성을 아주 생생하게 표현한 글이라 볼 수 있다. 그가 자신의 삶을 통해서 수많은 위대한 작품을 탄생시킬 수 있었던 힘도 좋은 글을 쓰겠다는 사명감을 결코 잃지 않았기에 나올 수 있었다. 단단하고 탄탄한 사명감을 갖고 살아야 행운이나 주변의 도움에 의지하지 않고 스스로의 힘으로 확실한 결말을 자기 삶에 초대할 수 있다. 때론 이렇게 단어 하나가 우리에게 살아갈 힘을 준다. "나의 사명감은 무엇인가?", "무엇이 나를 열심히 살게 하는가?" 이런 질문을 통해서 자신의 사명감을 찾고 발견하는 시간을 가져 보라.

"스스로에게 빛을 허락할 수 있어야
험난한 이 시대를 살아갈 수 있다.
해가 뜨길 기다리지 말자.
스스로 나의 가장 강력한 빛이 되어,
내게 의지하며 단단하게 살아가자."

62
William Shakespeare

글쓰기 경력 3년 이상일 땐 이렇게 살아라

빠르고 쉽게 말하는 기술을
배우는 것보다,
그 말이 필요한 순간
조용히 말할 수 있는
지혜를 배워야 한다.

무언가를 잘하기 위해 가장 먼저 해야 할 일은 기술을 배우는 것이다. 최소한의 기술을 알아야 응용과 변주가 가능하기 때문이다. 셰익스피어 역시 그걸 강조했다. 하지만 거기에서 멈추면 성장하지 않고 오히려 퇴보하게 된다. 그래서 필요한 것이 기술에서 지혜의 삶으로의 이동이다. 모든 영역이 마찬가지이지만 글쓰기 역시 그렇다. 처음 3년이 가장 중요하며, 이때 완전한 변화를 추구해야 한다.

그 변화 과정에 대해 할 수 있는 이야기는 많지만, 한마디로 압축하면 이렇다.

"살아낸 시간이 쌓이면, 써낼 시간이 온다.
자꾸 쓰려고만 하지 말고, 살아내려고 하라."

단순히 기술로 쓰는 게 아닌, 살아가는 순간순간을 지혜로 변주해서 글로 남기는 과정을 5단계로 압축해서 소개하면 이렇다.

1. 매일 규칙적으로 5회 글을 써라.
2. 새벽, 아침, 점심, 저녁, 잠들기 전에 쓰자.
3. 분량은 중요하지 않다.
4. 반드시 제목을 정한 후 결론까지 내야 한다.
5. 5개 중에 3개를 매일 SNS에 업로드 하자.

이렇게 반복해서 글을 쓰면, 셰익스피어의 말처럼 인생의 순간순간을 포착해서 글로 쓰는 지혜가 생긴다. 기술적인 글쓰기에서 벗어나, 사는 나날이 곧 쓰는 나날이 되는 본격적인 일상의 글쓰기가 시작되는 셈이다. 지금부터 자신에게 그런 기적의 나날들을 허락해 보라.

"억지로 쓰려고 하면 답답해지지만,
살아낸 이야기를 글로 쓰면 편안해진다.
매일 다양한 분야에 대한 글을 쓰며,
내 삶도 점점 다채로워진다."

63
William Shakespeare

나는 왜 늘
부정적인 상상만 하는 걸까?

**그릇된 망상은
가장 약한 몸에서
가장 강력하게 작동한다.**

"아, 진짜 풀리는 게 하나도 없네!"

누구든 삶에서 힘든 시기를 겪는다. 그때 사람에 따라서 보이는 반응은 각양각색이다. 내면이 탄탄한 사람들은 "괜찮아, 인생이 원래 그런 거잖아."라며 웃어넘기지만, 반대로 내면이 연약한 사람들은 "왜 나만 이렇게 괴롭히는 거야!"라며 분노한다. 그들은 어리석게도 모든 나쁜 일이 자신에게만 찾아온다고 생각하며 주변에 어떤 음모가 있거나 공평하지 못한 대우를 받고 있다고 착각한다. 셰익스피어의 말을 빌리자면 그들은 그릇된 망상을 품고 있는 것이다. 가장 약한 몸에서 가장 강력하게 작동하는 그릇된 망상에서 벗어나려면 내면의 체력을 길러야 한다. 여기에서 셰익스피어가 강조한 약한 몸은 약한 내면과 동일하다.

그럼 어떻게 해야 할까? 지금부터 의식을 높은 수준으로 변화시키려면, "왜 하필 나한테만 이래?"가 아니라, "왜 내가 아니어야 하는가?"라는 질문을 던지는 것부터 시작하면 된다. 탄탄한 내면의 소유자가 된다는 건 나쁜 것이 찾아올 때 불평하지 않고, 충분히 그런 일이 내게 찾아올 수 있다고 생각하는 걸 의미한다. 사실이 그렇고, 설령 그렇지 않다고 하더라도 분노하고 불평하는 건 상황을 해결하는 데 전혀 도움이 되지 않는다. 지금 자신이 매일 부정적인 상상만 하고 있다면 더욱 스스로에게 변화를 촉구해야 한다. 생각에는 매우 강력한 힘이 있어서 매일 부정적인 상상만 하는 사람은 결국 그 상상을 곧 현실에서 만나게 될 가능성이 매우 높기 때문이다. 듣기만 해도 좋은 생각이 드는 단어, 발음만 해도 마음이 예뻐지는 단어를 일상의 대화에서 자주 사용해 보자.

"내면의 체력을 길러야 한다.
약한 내면은 부정적인 생각만
자신에게 초대하기 때문에
사는 나날이 고통의 나날이 된다.
내면이 강해져야 삶의 힘도 강해진다."

WILLIAM SHAKESPEARE

7장

어른도 방황하지만,
흔들리지는 않는다

64
William Shakespeare

진실을 아는 눈을 갖는 게 중요한 이유

과거에는
마음을 허락하고
그다음에 손을 줬다.
하지만 지금은
마음 없이 손만 준다.

"이게 진짜인지 거짓인지 알 수가 없네!"
"대체 어떤 정보를 믿어야 하는 거야?"

알 수가 없는 세상이다. 이게 진실인지 혹은 진심이 맞는지 혼란스러운 세상을 살고 있다. 그건 셰익스피어가 살던 시절도 마찬가지였다. 그런데 이 부분에서 하나 궁금한 게 생길 수밖에 없다. 왜 늘 과거는 좋게 보이고 현재는 나쁘게만 보이는 걸까? 이유는 간단하다. 셰익스피어조차 그런 과정을 경험한 이유는 경험이 부족했던 과거에는 거짓을 발견할 안목이 없었기 때문이다. 과거에 손만 주는 거짓이 없던 게 아니라, 지적 수준이 낮아서 그걸 알아볼 수준이 되지 못했을 뿐이다. 그러니 더 늦기 전에 진실과 진심을 알아볼 수 있는 눈을 갖는 게 중요하다. 속지 않고 인생을 좀 더 생산적으로 살 수 있게 되기 때문이다.

이를테면 너무 애쓰지 말고 자신에게 휴식을 주며 살아야 한다는 내용을 담은 책이 나왔다고 해보자. 이 책을 보면서 이런 사실을 깨닫는 게 중요하다. 정작 이 책의 작가는 쉬지도 못하고 애를 써서 책을 썼다는 것이다. 여기까지만 볼 수 있는 사람은 "진짜 애를 쓰며 사네! 너는 왜 네 말대로 살지 않냐?"라고 비난할 수도 있다. 하지만 더 깊이 들여다보면 이런 사실을 하나 더 발견할 수 있다. '애를 쓰지 말고 좀 쉬면서 살라는 귀한 메시지는, 정작 쉬지 못하고 애를 써서 책으로 낸 사람만이 세상에 전할 수 있고, 이처럼 모두에게 소중한 메시지는 어느 누군가의 고귀한 희생으로 만들어진다. 그처럼 사명감을 갖고 일하는 사람들은 언제나 조용하며, 자신을 굳이 드러내지 않는다.'

어른도 똑같이 방황한다. 하지만 흔들리지 않는 이유는, 모든 방황에는 분명한 이유가 있다는 사실을 알기 때문이다. 제대로 아는 사람은 흔들리지 않고, 어른에게 보이는 세계는 더 넓고 다채롭다.

이처럼 누구든 아는 만큼 세상을 볼 수 있다. 늘 거짓에 속는 이유는, 진실을 알아볼 안목이 없기 때문이다. 그래서 모든 깨달음은 자신의 몫이며, 같은 것을 경험해도 가질 수 있는 건 모두가 다르다.

"투명한 마음은

내 손에 있는 게 아니다.

세상과 사람을 바라보는

눈 속에 모든 비밀이 있다.

별은 눈 속에 있으니

세상을 깊고 넓게 보라."

65
William Shakespeare

내 마음을 지켜주는
가장 강력한 지적 장치

참을성 없는 사람들은
정말 딱하다.
세상에 쉽게 치유되는
상처가 어딨겠는가.

"넌 참을성이 그렇게 없어서 앞으로 어떻게 살래?"

이런 말을 들으면 기분이 어떤가? 아무리 나이가 많은 사람에게 들어도 좋은 기분은 들지 않을 것이다. 그런데 우리는 왜 이런 뉘앙스의 말을 사람들에게 들려주며 살고 있는 걸까? 실제로 참을성이 있어야 뭐든 해내며 살 수 있으니 걱정해 주는 좋은 마음에서 나온 말이기는 할 것이다. 하지만 나는 거기에서 한 발 더 나아가 이렇게 참을성을 활용해 보라고 권하고 싶다. 가령 좋은 마음을 품고 누군가를 만나다가 갑자기 그의 단점이 보이기 시작할 때, 어떤 생각이 가장 먼저 드는가? 대부분 "나랑 잘 안 맞는 거 아닌가?"라는 의심이 들 것이다. 그것도 맞는 말이다. 다만 참을성을 가지고 좀 더 깊게 생각해 보면 전혀 다른 지점을 만날 수 있게 된다. 바로 이것. "상대방의 단점이 보이고 싫은 부분이 생겼다는 건, 그가 나와 맞지 않는다는 게 아니라, 그와 가까워지기 시작했다는 사실을 증명한다. 멀리에 있는 사람의 단점은 보이지 않지만, 가까워질수록 단점이 하나하나 보이기 시작하는 거니까."

참을성이 필요한 이유는 지치고 힘든 나 자신의 마음을 지키기 위해서다. 그러니 조금만 힘든 마음을 참고 깊이 생각해 보면, 상대방의 단점이 보이는 이유는 그와 맞지 않아서가 아니라 가까운 사이가 되어서 생긴 변화라는 반가운 사실을 알 수 있다. 가깝게 다가가지 않았다면 만날 수 없는 행운이라고 볼 수도 있다. 하지만 만약 참을성 없이 눈에 보이는 현상으로만 판단을 했다면 "역시 나랑 잘 맞지 않나 봐." 하면서 관계를 끊어버리는 등, 상대에게도 자신에게도 최악일 수 있는 선택을 하게 되었을 가능성이 매우 농후하다. 셰익스피어의 말처럼, 이 세상에 생각처럼 쉽게 치유할 수 있는 상처는 없다. 참을성 있게 지켜보며 차분하게 생각하고 마음을 안아줘야만 서로의 마음에 생긴 상처를 지울 수 있다.

나는 매일 원고지 50매 분량 이상의 글을 쓴다. 재능이 있어서가 아니라 참을성 있게 나와 주변을 관찰한 덕분이다. 간혹 나도 여기저기에서 상처를 받는다. 하지만 받았다고 바로 아파하기보다는 참고 내 상처를 오랫동안 바라본다. 그럼 상처는 어느새 아물고, 빛나는 영감이 되어 내 글 안에 녹아든다.

"참을성이 곧 통찰력이고 창조력이다.
내게 찾아온 고통과 슬픔의 마음도
참고 오랫동안 바라보면 그 안에서
나를 빛낼 영감을 만나게 된다.
슬픔도 오랜 시간이 지나면 빛이 된다."

66
William Shakespeare

"이것 또한 지나가리라."라는 말을 함부로 하지 마라

불행이 오래오래
살아남는 이유는
당신이 그저
견디기만 하기 때문이다.

"내 불행은 대체 언제 사라지는가?"
"언제쯤 나는 불행한 상태에서 벗어날 수 있을까?"
이 모든 푸념 속에 공통적으로 들어 있는 마음이 과연 뭘까? 바로 견디면 지나갈 거라는 희망과 시간이 지나면 괜찮아질 거라는 막연한 믿음이다. 그러나 과연 그 생각대로 될까? 인생은 만만하지 않고 불행이라는 놈은 더 막강한 상대라서 그냥 물러서지 않는다.

이 땅에서 불행으로 아파하는 모든 이들에게 셰익스피어는 이렇게 조언한다.

"이 세상의 채찍과 비웃음, 지도자들의 잘못, 핍박받는 자들의 고통, 잘났다고 생각하는 자들의 불손, 힘 없는 사람에게만 나타나는 정의와 법률의 지연, 그리고 지위 높은 것들의 무례함을 이제는 견디지 마라."

세상에 그냥 오는 건 아무것도 없다. 시간만 가면 달라지는 게 아니라, 노력한 시간이 핵심이다. 그냥 견디면 되는 게 아니라, 단 한 발이라도 내딛기 위해 분투하며 견디는 세월이 필요하다. "이것 또한 지나가리라."라는 말을 함부로 하지 마라. 그 말만 믿고 아무것도 하지 않는다면, 늘어나는 건 오직 하나 '남 탓'뿐이다. 불행은 영리해서, 아무것도 하지 않고 상황이 달라지기만 기다리는 사람에게서 벗어나지 않는다. 그런 사람과 함께 살면 결코 사라지지 않으며 영생을 기대할 수 있기 때문이다.

"불행과 고통이 찾아왔을 때 나는
좀 더 주도적으로 그들을 맞이할 것이다.
모든 방법을 찾아서 문제를 해결할 것이고,
버티고 견디기만 하는 삶은 살지 않겠다."

67
William Shakespeare

품위 있는 노년을 위해
준비해야 할 7가지

세상에 그냥 늙는 사람은 없다.
늙어가는 모든 과정은
젊은 시절에 분투한 시간이
하나하나 모여
맺은 열매와 같다.

"좀 더 품위 있게 늙고 싶다."
"넉넉하게 부족함 없이 살고 싶다."
"존경도 받고 사랑도 전하며 살고 싶다."

마흔이 지나면서 점점 이런 생각을 하게 된다. 좀 더 나은 인생을 살고 싶은 사람이라면 지극히 당연하게 품는 애절한 욕망이다. 나이 들면서 약해지는 것도, 품위 없는 인생을 사는 것도 죽을 만큼

싫기 때문이다. 그러나 아무리 품위 있는 노년을 강력하게 원한다고 해도 모두가 다 그렇게 살 수 있는 건 아니다. 셰익스피어의 말처럼, 노년에 귀한 열매를 맺으려면 최소한 마흔 이후부터는 적절한 준비를 해야 한다.

어려운 일은 아니다. 마흔 이후 우리가 꼭 준비해야 할 7가지를 간단하게 나열하면 이렇다.

1. 고민을 함께 나눌 친구
2. 순간순간의 추억을 글로 남긴 메모장
3. 힘들 때 믿고 의지할 한마디 말
4. 내 인생을 대표하는 질문
5. 독서와 사색으로 다진 탄탄한 내면
6. 꾸준한 운동으로 만든 체력
7. 인생을 걸고 지킨 사명감

눈으로만 읽으면 빠르게 훑고 지나갈 수 있지만, 모든 것이 하루하루 농밀하게 쌓여야 빛을 발할 수 있는 것들이다. 이 모든 것이 모여서 노년에 비로소 별처럼 빛나는 인생을 살게 해준다. 너무 늦지 않게, 지금부터 하나하나 시작해 보자.

"나는 그냥 늙지 않는다.
가장 나답게 나이 들기 위해서
7가지 준비를 지금부터 시작한다.
곧 만날 나의 빛나는 나날을 위해서."

68
William Shakespeare

노력한 만큼
삶이 나아지지 않는 이유

더 사악한 것들이 남아 있을 땐,
사악한 것이 여전히 예쁘게 느껴진다.
최악이 아니라서 칭찬을 받기도 한다.

"그나마 괜찮네."
"별 수 없잖아, 다른 방법이 없는데."
"이거라도 해야지, 당장 급한데."

세상에는 이런 이야기가 온갖 종류로 수도 없이 많다. 최선은 아니지만, 눈앞에 닥친 현실을 고려하면 뭐든 해봐야 한다는 마음이 드러나는 표현들이다. 하지만 지혜로운 셰익스피어는 그런 어리석은 선택을 경계하며 그 이유에 대해서 이렇게 설명한다. "최악은 아니라서 선택한 그것을 열심히 하면 그 결과가 과연 만족스러울까? 시작과 끝은 대부분 비슷하다. 결국 결과 역시 최악은 아닌 수준에 머물 뿐이다." 나도 모르게 나를 망치고 있는 원칙이나 선택을 당장 버리지 않으면, 아무리 노력해도 나는 그 수준에서 벗어날 수가 없다. 매우 중요한 부분이다. 지금도 수많은 사람이 현실에서 치열하게 노력하고 있지만, 노력하는 만큼 성장하지 못해서 고뇌하고 있으니까. 이 악순환에서 당장 벗어나지 못하면 어른이 되지 못한 채로 평생을 방황하며 흔들리게 된다.

이에 셰익스피어는 인생에서 사악한 것들을 깨끗이 제거하고 살기 위해선, 다음 4가지 사항을 실천해야 한다고 강조한다.

1. 더러운 악마를 조심하자.
2. 진실에 순종하자.
3. 약속을 올바로 지키자.
4. 함부로 맹세하지 말자.

모든 사악한 것들을 제거해야만 차선이 아닌 최선의 선택을 할 수 있게 된다. 그럴 때에야 비로소 우리의 노력도 그 가치를 찾을 수 있고 살아가는 나날이 곧 희망과 성장의 나날이 될 수 있으니,

꼭 기억하고 실천해 보라.

"더 생각하고 싶지 않아서
대충 선택한 것들로는
내가 원하는 삶을 살 수 없다.
노력한 만큼 얻고 싶다면
언제나 최선의 선택을 해야 한다."

69
William Shakespeare

한 번 사는 인생을
더 값지게 만드는 법

세상의 좋은 것들을
자기 자신에게 바치는 건
참 잘하는 일이다.
나를 위해줄 사람은
아무도 없으니까.

"네가 좋으면, 나도 좋아."

상대를 배려하거나 존중하는 마음은 아름다운 것이다. 하지만 이런 마음이 과해 루틴이 되거나 원칙이 되면, 결국 나는 내가 사라진 인생을 살게 된다. 살면 살수록 나라는 존재는 자꾸만 더 희미해진다. 만약 당신의 인생이 그렇다면 지금 자신에게 질문해 보라. "나는 왜 그런 인생을 살고 있는가?" 왜 그런 무가치한 인생을 살고 있나? 무기력이라는 종착역이 뻔히 보이는 인생을 말이다. 한 번 사는 인생을 더 값지게 보내고 싶다면, 셰익스피어의 조언처럼 세상의 모든 좋은 것들을 소중한 자신에게 주는 삶을 살아야 한다. 이 넓은 세상에서 진실로 나를 위해줄 사람은 나 한 사람뿐이니까. 지금부터 그런 삶을 살고 싶다면 아래 5가지 조언을 읽으며 하나하나 실천해 보길 바란다.

1. 자신을 위해 울 수 있는 사람이 되자.
2. 때로는 잘하지 못해도 만족하자.
3. 오직 나만을 위한 식탁을 만들어보자.
4. 매일 고상한 음악을 자신에게 들려주자.
5. 새벽 산책으로 내면에 기운을 담자.

고생한 자신에게 박수를 보내고, 하루의 끝에서 힘들고 지친 몸을 안아주고, 나아갈 길이 보이지 않을 땐 스스로를 위해 눈물을 흘릴 수 있는 삶이 아름답다. 누구보다 자기 자신에게 가장 귀한 것을 줘야 한다. 나만큼은 나를 무작정 아끼고 사랑할 수 있어야 한다. 진짜 어른은 자신을 귀하게 대할 줄 아는 사람이다.

"인정이 많다는 건 늘 양보하고
배려한다는 말이 아니다.
자신에게 인정을 베풀 수 있어야
남에게 베푼 인정에도 향기가 깃든다.
내게 없는 걸 남에게 줄 수는 없다."

70
William Shakespeare

잘 변하지 않는 내 인생을
진짜 바꾸고 싶다면

질투하는 자들은 막을 수 없다.
그들은 원인을 제공하지 않아도
결국 질투를 하고야 만다.
원인이 있어서 질투하는 게 아니라,
질투하고 싶어서 질투하는 것이기 때문이다.
그건 마치 스스로 생기고
스스로 태어나는 한 마리 괴물과도 같다.

사람은 쉽게 변하지 않는다. 각종 SNS를 둘러보면서 일주일 정도만 관찰해도 이런 사실을 쉽게 발견할 수 있다. 늘 누군가를 비난하는 사람은 일주일 내내 그런 내용의 글만 쓰고, 반대로 어디에서든 배울 것을 찾아내는 사람은 언제나 깨달음을 주는 글을 쓴다. 기간을 1개월 혹은 1년으로 늘려 살펴봐도 올라오는 글의 뉘앙스는 변하지 않는다. 문제는 미래에 있다. 그럼 과연 1년 후에 이들은 각자 어떻게 달라져 있을까? 누군가를 계속 비난하며 살던 사람들은 호응도 없고 구독자도 생기지 않아서 더욱 외로워질 가능성이 높고, 배울 점을 발견해서 깨달음을 주는 글을 쓰는 사람은 호응이 늘고 구독자도 점점 많아져서 그 공간이 더 따뜻해졌을 가능성이 높다. 이때 흥미로운 변화가 하나 일어난다. 누군가를 비난하며 살던 사람들이 구독자가 늘어난 사람의 공간에 찾아가서 질투와 악의가 담긴 댓글을 남기기 시작한다는 사실이다. 최악의 악순환이다. 셰익스피어 역시 그들의 존재를 '그저 비난을 하기 위해서 비난을 하는 사람들'이라고 정의했다.

비난하며 계속 외로워지는 사람들에게 이런 사실을 배울 수 있다. 인생이 쉽게 변하지 않는 이유는 결국 사람이 쉽게 변하지 않기 때문이다. 자신의 인생을 비난하고 불평하는 건, 스스로를 비난하는 것과 같다. 내가 살았던 시간이 결국 내 인생을 만들었기 때문이다. 인생을 바꾸고 싶다면 오늘 하루를 바꾸면 된다. 배움의 시선으로 하루를 살면서 깨달은 것들을 매일 일정하게 SNS에 글로 써서 업로드를 하자. 그것 하나만 계속해도 삶이 놀라울 정도로 바뀐다.

"매일 스스로 깨달은 것들을
논리적으로 정리해서 글로 남기면
내 하루를 오랫동안 기억할 수 있고,
마음의 결이 맞는 구독자도 생겨서
진실한 소통까지 가능해진다."

71
William Shakespeare

좀 쉬라는 몸의 신호를
그냥 넘기지 마라

혓바닥이 아무리 굳어도
죄의식은 스스로
말을 하는 법이다.

셰익스피어의 이 말은 다양하게 해석이 가능하다. 죄를 지으면 아무리 숨겨도 겉으로 티가 날 수밖에 없다는 말이지만, 죄를 건강으로 변주해서 생각하면 이번에는 전혀 다른 깨달음을 얻을 수 있다. 바로 이렇게 건강을 외면하며 되는 대로 사는 사람에게는, 반드시 숨길 수 없는 최악의 신호가 죄의식처럼 찾아온다는 사실이다. 그 신호를 7가지로 압축하면 이렇다.

1. 커피를 평소보다 많이 마시게 된다.

2. 가슴이 답답해서 자주 고통을 느낀다.

3. 습관적으로 한숨을 쉬게 된다.

4. 아무리 잠을 오래 자도 개운하지 않다.

5. 삶의 기쁨이 전혀 느껴지지 않는다.

6. 스트레스 때문에 점점 살이 찌고 있다.

7. 가끔 어지럽고 구역질이 날 때가 있다.

쉬지 않는 혹은 쉴 수 없는 상황과 그 마음은 다 이해한다. 사는 게 힘들고 해야 할 것들이 많아서 마음이 급하기 때문일 것이다. 그러나 그 생각을 완전히 바꿔야 살 수 있다. '살 수 있다'라고 표현한 이유는 이것이 단순한 조언이 아니고 생존과 연관이 되어 있기 때문이다. "지금 내가 쉴 때가 아니야!"라는 생각이 들 때가 바로 가장 절실하게 휴식이 필요한 시기다. 이걸 착각해서 힘든 자신을 더 힘들게 만들게 되는데, 그러다가 심각한 병에 걸리거나 죽음이라는 돌이킬 수 없는 최악의 상황을 맞이할 수도 있다. 쉴 때가 아니라는 생각이 들 때가 바로 쉬어야 할 시점이니, 이런 신호가 찾아오면 외면하거나 애써 부정하지 말고 바로 자신에게 휴식을 선물하는 게 지혜롭다.

"나는 내게 휴식을 허락한다.

스스로 자신에게

휴식을 허락하지 않으면,

억지로 어쩔 수 없이

쉬어야 할 날이 벼락처럼 온다."

72
William Shakespeare

최고의 어른으로
선명하게 살아가는 법

이 원망스러운 시국의
무게를 감당해야 합니다.
하고 싶은 말은 참고
실제로 느낀 것을 말하세요.
최고의 어른은 모두
최고로 견딘 사람들입니다.

예나 지금이나 세상과 그 안에서 살아가는 사람들의 삶은 거의 비슷하다. 셰익스피어의 말처럼 인생은 견딜 수 없는 나날의 연속이었다. 또한, 자신에게 주어진 삶의 무게를 감당해 내는 사람은 적고, 얕은 생각이나 주입된 것들을 아무런 사색 없이 내뱉는 사람은 언제나 많았다. 그런 세상에서 최고의 어른은 최고로 견딘 사람이다. 하고 싶은 말은 참아야 하고, 두 눈으로 보고 실제로 느낀 것만

말해야 한다. 그런 삶을 살기 위해서는 5가지 질문을 통해 사색의 깊이를 더해야 한다.

1. 나는 충분히 생각했는가?
2. 이건 내가 실제로 느낀 것인가?
3. 나는 언제나 틀릴 수 있다는 사실을 알고 있나?
4. 초심을 잃은 건 아닌가?
5. 편견이나 악의적인 감정이 있는 건 아닌가?

단순히 세월을 흘려보낸다고 모두 다 멋지게 늙는 건 아니다. 어른의 삶은 반드시 달라야 한다. 물론 건전한 비판은 필요하다. 하지만 단지 시국이 원망스럽다고 모든 것을 포기하거나 비난만 하고 산다면, 그는 제대로 어른의 삶을 살아내지 못할 것이다. 스스로 생각해서 얻은 결론과 지혜를 무기로 갖고 살아야만 진짜 어른이 되어 흔들리는 세상에서 중심을 잡을 수 있다.

"근사하게 늙는다는 건,

선명해진다는 사실을 의미한다.

사색하는 삶을 실천해서

자기만의 색으로 선명해져야

농밀한 어른의 나날을 보낼 수 있다."

73
William Shakespeare

나는 내 인생이라는 무대의 주인이다

도둑을 맞은 자가
자신이 빼앗긴 걸 모를 때,
굳이 알려주지 않는다면
그는 도둑을 맞은 게 아니다.

세상에서 가장 어리석고 안타까운 인생을 사는 사람은 가장 많은 손해를 보며 모든 것을 빼앗긴 사람이 아니라, 그보다 작은 손해를 봤더라도 자신이 그렇게 되었다는 사실을 인지하지 못한 채로 사는 사람이다. 어떤 사람은 인생의 모든 것을 도둑맞았는데도 현재 상태를 전혀 알지 못해서, 자신이 왜 노력해도 나아지지 않는지를 모르는 채로 꾸역꾸역 산다. '나는 내 인생이라는 무대의 주인

공'이라는 사실을 모르고 살게 되면 그런 최악의 상황에 놓이게 된다. 왜 같은 노력을 해도 결과가 다르고, 왜 자기에게만 나쁜 일이 반복적으로 일어나는지 알지 못해서 방황하고 흔들리게 된다.

최근 굳이 직원이 와인을 서빙하지 않아도 될 정도로 편안한 분위기의 식당 두 군데를 각각 방문한 적이 있었다. 둘이 비슷한 식당이었지만, 식사를 마치고 나왔을 땐 느낌이 전혀 달랐다. 한 식당의 직원은 내가 와인을 주문해 직접 따르려고 하자, 조용히 다가와서 "제가 서빙을 해드려도 될까요?"라고 허락을 구한 후 와인을 개봉해서 따라주었다. 그런데 다른 식당의 직원은 내가 와인을 즐기는 내내 이런 표정으로 서 있었다. "난 와인 같은 건 따라주지 않아. 그건 내 일이 아니니까."

나는 지금 누가 옳고 누가 틀리다고 말하려는 게 아니다. 굳이 그들이 와인을 서빙할 필요는 없는 상황이었으니까. 다만 이런 생각이 들었다. 조용히 다가와 정중하게 허락을 구한 후 내게 와인을 따라준 그 직원은, 식당의 사장은 아니었지만 그 공간의 주인처럼 느껴졌다. 공간의 주인이 된다는 건 정말 중요한 일이다. 음악의 주인은 그걸 만든 자가 아니라 행복하게 감상하는 자이고, 책의 주인 역시 그걸 쓴 작가가 아니라 귀하게 읽는 자이다. 우리가 머무는 각자의 공간 역시 마찬가지다. 각자의 공간에서 최선을 다할 때 우리는 그 공간의 주인으로 살 수 있다. 평생 자기 인생을 도둑맞고 있으면서 그것도 모른 채 억울하게 살고 싶지 않다면, 지금부터 내가 내 삶의 주인공이라는 사실을 자각해야 한다.

"주인공은 무대 중심에 서 있거나,
단순히 대사가 많은 사람이 아니다.
무대 구석에서 단 한마디의
대사만 주어졌다 하더라도,
최선을 다해 열정을 바칠 수 있다면
나는 이 무대의 주인이 될 수 있다."

74
William Shakespeare

오늘도 누군가를 사랑할 수 있는 하루라는 사실을 잊지 마라

이런저런 계산을 하면서
사랑은 본질에서 벗어나고
결국 사랑이 아닌 것이 된다.

하루는 방송에서 한 부부의 이야기를 접했다. 그 이야기는 이런 질문으로 시작한다.

"마시지도 않는 커피를 왜 타시는 건가요?"

그러자 그는 평화로운 음성으로 이렇게 답했다.

"그럼 식사를 하는 내내 커피 향기가 나거든요. 아내가 살아 있을 때 늘 향긋한 커피를 타줬는데, 이렇게 커피 향기를 맡으며 식사를 하면, 마치 세상을 떠난 아내가 곁에 있는 것 같다는 생각이 들거든요."

그는 대화를 나누는 내내 곁에 없는 아내를 회상하며, '착한 아내', '좋은 사람' 등의 표현을 반복해서 사용했다. 그렇게 매일 저녁에 마시지도 않는 커피를 타고, 식사를 하는 내내 향긋한 커피 향을 즐기면서 곁에 아내가 있는 것 같다는 상상을 하며 하루를 살고 있었다. 그의 표정을 바라보는 내내 그가 한때 누구보다 아름다운 사랑을 했다는 사실이 전해졌다. 보는 나도 가슴이 따뜻해졌으니까.

평생 사랑을 노래했던 셰익스피어는 진짜 사랑이란 계산하지 않는 거라고 강조했다. 받을 걸 계산하지 않고 주고, 줬다는 그 사실 하나만으로 마음이 충만해지는 삶이 바로 사랑이 깃든 인생이다. 그러나 그렇게 사랑하기 쉽지 않은 이유는 곁에 있을 땐 그 사람이 얼마나 소중하고 아름다운지 잘 모르기 때문이다. 이 사람이 얼마나 소중한 사람인지, 내 인생에서 얼마나 귀한 사람인지 바보처럼 모르다가, 그 사람이 세상을 떠나거나 곁에서 사라졌을 때 깨닫는다. 내가 책의 마지막에 이 이야기를 남기는 이유도 거기에 있다. 당신이 꼭 이 부분만은 기억하고 마음에 간직하길 바라기 때문이다. 사랑은 언제나 우리를 아프게 해서 자꾸 흔들지만, 흔들리는 나를 다시 잡아주는 것 역시 사랑이다. 너무 늦게 그 사실을 깨닫지 않기를 바란다. 물론 사랑하다가도 그냥 밉고, 싫고, 짜증 나는 마음도 이해한다. 그럴 땐 좋았던 시간들을 떠올려보라. 소중한 사람이 지금 곁에 있는가? 그럼 당신은 여전히 사랑할 기회가 있는, 세상에서 가장 행복한 사람이다.

"나는 오늘은 한 사람을 사랑하고
이해할 수 있는 그 아름다운 기회를
놓치지 않고 실천할 것이다.
세상이 정의한 계산이 아닌,
마음이 부르는 공식으로 살겠다."

에필로그

도망치지 않는 것만으로도
충분히 잘하고 있다

모든 정답은 다 비밀스럽다.
진리를 깨달아야 한다.
결국에는 진리가 우리를 자유롭게 만든다.

착하고 부드럽기만 한 것이 과연 좋은 걸까? 세상은 대체로 순수하고 착한 당신의 태도와 행동을 높게 평가하겠지만, 안타깝게도 어떤 때엔 주변의 칭찬을 받기보다는 분별력이 부족하다고 비난을 받게 될 가능성이 높다. 순수하고 착한 것을 넘어, 어떻게 살아야 분별력이 있는 어른이 될 수 있을까? 과연 정답은 무엇인가?

우리는 태어나면서 지금까지 계속 이런 세상의 메시지를 주입

받았다. "스스로 자신의 껍데기를 깨면 새가 될 수 있지만, 남이 깨면 겨우 계란프라이가 된다." 세상은 마치 이 말이 삶의 진리라도 되는 것처럼, 어른이라면 스스로 자신의 껍데기를 깨야 한다고 강조한다. 그러나 모두가 자신의 껍데기를 스스로 깰 수 있는 건 아니다. 이 사실을 분명히 자각해야 한다. 꽃을 피우지 않는 식물이 있듯, 어떤 사람은 평생 껍데기를 깨지 못하고 살 수도 있다. 실제로 그런 사람들을 주변에서 많이 봤을 것이다. 죽을 것처럼 노력해도 아무런 결과도 내지 못하거나, 매번 실패만 반복하는 사람들이 생각보다 많다.

이때 어른이라면 이런 생각의 전환을 할 수 있어야 한다. 그건 바로, 어떤 이들에게는 오히려 자신을 깨서 계란프라이로 만들어줄 존재가 필요하다는 사실이다. 아무리 노력해도 되는 게 없다면, 나도 모르는 나의 가능성을 대신 찾아서 실력을 길러줄 귀인과도 같은 사람이 필요하다. 모두가 스스로 자신의 길을 찾을 수는 없다. 또한, 스스로 껍데기를 깨는 것만이 최고의 선택은 아니다. 대신 깨줄 누군가를 만나는 것도 지혜로운 선택일 수 있다.

이 책은 그런 귀인을 찾는 당신을 위해 태어났다. 나는 분명히 "태어났다."라고 표현하고 싶다. 이 책의 탄생은 생명의 탄생처럼 고귀한 일이며 그 과정에 소중한 나의 영혼까지 담았기 때문이다. 책을 다 읽었다고 끝이 아니다. 삶이 너무 힘들 때 다시 책을 펼치며, 도망치지 않는 것만으로도 나는 충분히 잘하고 있는 거라는 사실을 자각하라. 늘 잘할 수는 없고, 때로는 지칠 수도 있다. 스스로에게 용기를 주는 것 역시 어른의 의무다. 그 아름다운 의무를 결코 소홀히 여기지 마라.

자, 이제 시작이다. 이 책을 읽고 필사하고 사색하며, 자기 삶의 어른으로 사는 하루를 시작하자.

WILLIAM SHAKESPEARE

부록

지성의 문을 여는
필사 노트

○

파도가 아무리 세차게 지나가도

아무런 말도 없이 받아주는 바다처럼

고통과 슬픔이 결국에는 다 사라지는

한낱 바람이라고 생각한다면,

세상에 못 견딜 인생도 없는 것이다.

힘겨운 이 시간이 다 지나가면,

나는 더 단단한 어른이 될 것이다.

○

오직 내가 스스로 만든 것만이

최고의 명작이다.

이성은 얼마나 고귀하고

능력은 얼마나 무한한가.

나는 놀라운 내 힘을 믿는다.

○

아무것도 바라지 않고 그저 주는 것,

배려는 그 순수한 마음에서 출발한다.

그의 마음을 얻으려고 주는 게 아니라,

그저 나의 마음을 주려고 하는 것이다.

○

화는 나의 것이 아니다.

나는 내게 좋은 것만 허락한다.

기품 있는 사람에게는

분노와 화가 어울리지 않는다.

○

삶은 결코 복잡하지 않다.

복잡한 것은 우리의 욕망이다.

목표를 분명하게 정한 삶은

모든 문제를 빠르게 해결한다.

삶이 단순해지면 그 삶은 스스로 우리에게 답을 준다.

○

내 삶은 무작정 빠르게만 뛰는

한낱 경주가 아니다.

과정을 천천히 즐기며 삶의 행복을 더하는

끝나지 않는 여행이다.

○

반복하면 어른의 시간을 선물해 줄

귀한 루틴이 지금 나에게 주어졌다면,

처음 입는 옷처럼 자꾸만 입어봐야만

몸에 익숙하게 만들 수 있다.

흔들리는 세상에서 루틴만이 나를 잡아준다.

○

늘 나를 사랑하는 것이

우선이라고 생각하며 살아야 한다.

최선을 다하는 삶은 곧

최선을 다해 나를 사랑하는 삶이다.

○

타인에게 너그럽지 않은 이유는

그를 사랑하지 않아서가 아니라,

나 자신을 사랑하지 않기 때문이다.

스스로를 사랑해야 자신의 가치를 믿을 수 있고

자기만의 삶을 살며 어른의 기품을 가질 수 있다.

○

나는 지금 무엇을 자랑하고 있나?

과거는 모두 지나갔으니 잊고 가슴에 묻자.

대신 이 순간을 최선을 다해 즐기며,

내가 이루고 싶은 내 미래를 만들어가자.

○

어른은 나이가 많은 사람이 아니다.

지식의 높이가 품격을 갖췄다는 걸 증명하진 않는다.

인간에 대한 최소한의 예의를 가질 때,

나는 어른의 품격을 가질 수 있다.

○

아무 것도 아는 게 없다는

사실을 아는 사람만이

무언가를 배울 수 있다.

비움이라는 준비를 마쳐야 채울 수 있다.

○

모든 사람의 삶은 다 의미가 있다.

단, 스스로 의미를 부여해야 한다.

내 삶의 의미를 스스로 찾을 수 있어야

보고 듣고 느낀 모든 것을 재료로 삼아

내가 나의 스승이 되어 살 수 있다.

○

인생은 누구에게도 만만하지 않다.

치열하게 연습하지 않으면,

인생이라는 악기를 연주할 수 없다.

절실한 마음보다 절실한 행동이 중요하다.

◇

잘하려고, 무언가를 얻으려고 분투하며

애를 쓰던 시절이 나중에 돌아보면

내 인생에서 가장 아름다웠다.

이제 다시는 돌아갈 수 없는 시절이니까.

잊지 말고 평생 그 마음을 지키자.

◇

나는 편을 나누거나

하나만 비정상적으로 옹호하지도 않는다.

어떤 것도 편파적으로 옹호하지 않으며

진실을 내 몸처럼 아낄 수 있다면,

진짜 어른으로 성장할 수 있다.

○

내 가슴에 희망이 있는 한

나는 어떤 어려운 상황에서도

포기하지 않을 수 있다.

나는 매일 내게 희망을 초대한다.

그것들은 부르는 자의 몫이니까.

○

내 눈에 보이는 게 바로 나의 수준이다.

나는 내 수준에 맞는 것만

발견하고 표현할 수 있다.

나는 내 삶과 내게 주어진 일에 애정을 갖고,

좀 더 섬세한 사람으로 성장할 것이다.

○

분노한 지점이 바로

너의 지적 수준이고,

반박한 지점에

너의 결핍이 있다.

○

내 인생이 지금 반짝이지 않는다고

금이 아니라고 말할 수는 없다.

내일 반짝일 수도 있으며,

영원히 반짝이지 않아도 괜찮다.

나는 태어나면서부터 이미

스스로 빛나는 존재였으니까.

○

나는 나를 움직일 수 있어야 한다.

가능하다고 생각하면

결국 뭐든 가능해지는 법이다.

가능하다는 생각이 곧

나를 움직이는 가장 큰 재산이다.

○

이 길 위에서 애쓴 시간이

결코 쉽진 않았지만,

이 길의 끝에 농밀한 깨달음이

나를 기다리고 있다는 사실을

조금도 의심하지 않는다.

○

모든 사람에게 다 친절할 수는 없다.

최선을 다해 좋은 마음을 전하려면,

그렇게 할 수 없는 사람은 제외해야 한다.

미움받을 용기를 내야 소중한 사람에게

더 많은 시간과 마음을 전할 수 있다.

○

서툰 믿음은 서로를 망친다.

나는 위험하다고 생각하는

모든 문제를 스스로 해결하며

스스로에 대한 믿음을 키울 것이다.

나 자신을 믿어야 다른 누군가도

진심으로 믿을 수 있다.

○

너무 서두르면 초조해진다.

정적을 견디지 못하고 나오는 말은

초조함의 증거라고 볼 수 있다.

타인이라는 험난한 산을 오르려면

차분함과 인내가 필요하다.

서두르지 말자, 결국 도착할 테니까.

○

나는 뭐든 단언하지 않고 설명한다.

증거가 나올 때까지 사색하며 찾고,

찾아낸 것을 진실한 언어로

표현할 수 있어야,

나의 수준을 높일 수 있다.

○

자기 삶의 철학을 세우려면

내가 왜 이 행동을 해야 하는지

강력한 이유를 설명할 수 있어야 한다.

나는 스스로에게 설명할 수 있는 것만

강력한 의지로 실천할 수 있다.

○

스스로에게 빛을 허락할 수 있어야

험난한 이 시대를 살아갈 수 있다.

해가 뜨길 기다리지 말자.

스스로 나의 가장 강력한 빛이 되어,

내게 의지하며 단단하게 살아가자.

○

투명한 마음은

내 손에 있는 게 아니다.

세상과 사람을 바라보는

눈 속에 모든 비밀이 있다.

별은 눈 속에 있으니

세상을 깊고 넓게 보라.

○

참을성이 곧 통찰력이고 창조력이다.

내게 찾아온 고통과 슬픔의 마음도

참고 오랫동안 바라보면 그 안에서

나를 빛낼 영감을 만나게 된다.

슬픔도 오랜 시간이 지나면 빛이 된다.

○

더 생각하고 싶지 않아서

대충 선택한 것들로는

내가 원하는 삶을 살 수 없다.

노력한 만큼 얻고 싶다면

언제나 최선의 선택을 해야 한다.

○

근사하게 늙는다는 건,

선명해진다는 사실을 의미한다.

사색하는 삶을 실천해서

자기만의 색으로 선명해져야

농밀한 어른의 나날을 보낼 수 있다.

○

주인공은 무대 중심에 서 있거나,

단순히 대사가 많은 사람이 아니다.

무대 구석에서 단 한마디의

대사만 주어졌다 하더라도,

최선을 다해 열정을 바칠 수 있다면

나는 이 무대의 주인이 될 수 있다.

○

나는 오늘은 한 사람을 사랑하고

이해할 수 있는 그 아름다운 기회를

놓치지 않고 실천할 것이다.

세상이 정의한 계산이 아닌,

마음이 부르는 공식으로 살겠다.

셰익스피어 문장 번역 최윤영

한국외국어대학교를 졸업하고 동 대학교 통번역대학원 한영과를 수료했다. 마케팅 기업에서 컨설턴트로 일하다가 전문 번역의 세계로 들어섰다. 현재 출판 번역 에이전시 글로하나에서 영어 전문 번역가 및 기획자로 활동하고 있다. 역서로는 《기억은 눈을 감지 않는다》, 《옳은 실패》, 《오픈: 열린 마음》, 《컬러의 세계》, 《두려움 없는 조직》, 《돈의 패턴》, 《오늘부터 팀장입니다》, 《권력의 원리》, 《큐레이션: 과감히 덜어내는 힘》, 《역사를 바꾼 50가지 전략》, 《나를 함부로 판단할 수 없다》, 《마음챙김이 일상이 되면 달라지는 것들》 등 다수가 있다.

있다고 다 보여주지 말고 안다고 다 말하지 마라

초판 1쇄 발행 2025년 7월 29일
초판 2쇄 발행 2025년 9월 5일

지은이	김종원
편집	박혜정, 김하나리
디자인	김윤남
책임마케팅	최혜령, 박지수, 도우리
마케팅	콘텐츠IP사업본부
경영지원	백선희, 권영환, 이기경, 최민선
제작	재영P&B
펴낸이	서현동
펴낸곳	㈜오팬하우스
출판등록	2024년 5월 16일 제2024-000141호
주소	서울특별시 강남구 테헤란로 419, 11층(삼성동, 강남파이낸스플라자)
이메일	info@ofh.co.kr

ⓒ김종원 2025

ISBN 979-11-94930-39-6 (03160)

마인드셀프는 ㈜오팬하우스의 출판브랜드입니다.

· 이 책은 저작권법에 따라 보호받는 저작물이므로 무단전재와 무단복제를 금지하며, 이 책 내용의 전부 또는 일부를 이용하려면 반드시 저작권자와 ㈜오팬하우스의 서면동의를 받아야 합니다.
· 책값은 뒤표지에 표기되어 있습니다.
· 잘못된 책은 구입한 서점에서 바꿔드립니다.